마침내 그들이 로마를 바꾸어 갈 때

로마 세계의 그리스도교화에 관하여

Copyright © Peter Brown 1995
Korean translation edition copyright © 2025
by Lux Mundi Co., Ltd., Seoul, Republic of Korea
All rights reserved.

This translation of
Authority and the Sacred:
Aspects of the Christianisation of the Roman World
is published by arrangement with
Cambridge University Press, Cambridge, United Kingdom
through rMaeng2, Seoul, Republic of Korea.

이 한국어판의 저작권은 알맹2를 통해 Cambridge University Press와
정식 계약한 ㈜룩스문디에 있습니다. 신 저작권법에 의해
한국 내에서 보호를 받는 저작물이므로 무단 전재와 복제를 금합니다.

Authority and the Sacred

마침내 그들이 로마를 바꾸어 갈 때

로마 세계의 그리스도교화에 관하여

피터 브라운 지음 · 양세규 옮김

비아

| 차례 |

들어가며 /9

1. 그리스도교화
   – 서사와 과정 /17

2. 불관용의 한계 /61

3. 거룩함의 중재자
   – 고대 후기 그리스도교의 성자 /107

부록: 배우는 삶 /147

인물 색인 및 소개 /177

일러두기

- 성서 표기는 원칙적으로 『공동번역개정판』(1999)을 따르되 인용은 원서 본문에 가까운 번역본(주로 새번역)을 썼습니다.
- 교부 시대의 인명과 지명은 한국교부학연구회, 『교부학 인명·지명 용례집』(분도출판사, 2008)을 따랐으며, 교부들의 저서명은 한국교부학 연구회, 『교부 문헌 용례집』(수원가톨릭대학교출판부, 2014)을 따랐습니다.
- 현대 단행본은 『 』을, 고대 문헌은 「 」을 사용했습니다.
- +표시가 되어 있는 인물의 경우 책 뒤에 있는 '인물 색인 및 소개'에서 다루었습니다.
- * 표시는 독자의 이해를 돕기 위해 옮긴이가 단 주석입니다.

들어가며

세 장으로 이루어진 이 책은 1993년 11월 22일, 23일, 24일에 케임브리지에서 했던 강연을 바탕으로 합니다. 클레어 홀의 재닛 허스킨슨Janet Huskinson 박사는 세심하게 이 행사를 마련했습니다. 환대 속에 학장 앤서니 로Anthony Low 경은 일정 내내 함께하며 자리를 빛내 주었습니다. 좌장을 맡은 키스 홉킨스Keith Hopkins 및 피터 간지Peter Garnsey, 로빈 레인 폭스Robin Lane Fox, 크리스토퍼 켈리Christopher Kelly, 로자먼드 맥키터릭Rosamond McKitteric이 함께했던 토론은 수년간 제게 생각할 거리를 남겼을 뿐만 아니라 우리 시대에 필요한, 활발하면서도 정중한 논평과 반론의 모범을 보여 주었습니다. 헨리 채드윅Henry Chadwick, 이언 우드Ian Wood, 로버트 마커스Robert Markus[+], 윌리엄 프렌드William Frend, 앤드루 팔머Andrew Palmer를 비롯해 청중으로 함께해 준 수많은 벗과 동료 연구자들 덕분에, 논의는 로마 제국 후기와 중세 초기 전체를 아우르며 활기 있게 진행될 수 있었습니다. 세 개의 장에 이 모든 것을 담아야 하니 조금은 애석합니다. 보기 드물 정도로 생생하고 따뜻했던 시간을 책으로 만들고 나니 포도주의 찌꺼기만 남았다는 생각이 듭니다.

1장의 요약판은 지난해 영국 학술원 롤리 강좌에서 '그리스도교화의 문제'The Problem of Christianisation라는 제목으로 발표한 바 있습니다.[1] 또한, 1장과 이어지는 두 장의 주제들은 대부분 『케임브리지 고대사』Cambridge Ancient History 13권과 14권을 집필하며 나왔습니다. 이 작업을 하는 동안 제 '에르고디오크테스'ἐργοδιώκτης(*작업 감독자) 에이브릴 캐머런Averil Cameron에게 많은 빚을 졌습니다. 그녀는 동료 편집자들과 함께 로마 후기 시대 300년을 제자리에, 곧 고대 세계 역사의 정점에 놓는 대업을 이루었습니다. 애석하게도 캐머런은 건강이 악화되어 토론에는 참여하지 못했으나, 끊임없이 함께하며 영감을 주었습니다.

각 장에 관한 별도의 상세한 설명은 필요하지 않을 것입니다. 다만 어디까지나 이 책에서는 로마 세계의 그리스도교화의 일정 측면들만 다루고 있음을 덧붙입니다. 각 장은 현대 유럽 종교와 문화의 뿌리가 된 거대한 역사의 흐름 중 몇몇 단면만을 다루고 있습니다. 이렇게 일정 측면에 집중한 이유는 단지 학자로서 신

---

[1] Peter Brown, 'The Problem of Christianisation', *Proceedings of the British Academy: 1992 Lectures and Memoirs* 82 (1993), 89~106.

중한 태도를 취했기 때문만은 아닙니다. 로마 세계의 그리스도교화를 다루며 그 과정을 마치 단일한 덩어리처럼 취급할 때, 그래서 전체를 아우를 수 있는 묘사가 가능한 것처럼 이야기할 때 현상을 가장 오해하게 만든다고 저는 오랫동안 생각했습니다. 하나의 포괄적인 설명이 가능하다는 착각을 낳기 때문입니다.

    로마 세계에서 그리스도교의 발흥을 연구하는 현대 역사가는 당대 그 과정을 경험했던 이들이 남긴 단순한 해석, 문제를 간편하게 만드는 해석을 그대로 따를 필요가 없습니다. 312년, 콘스탄티누스Constantine+의 개종과 이후 급격한 변화에 직면하여, 그리스도교인들과 이교도 모두는 상황을 설명하는 서사를 만들어야 했습니다. 그리스도교인들은 성공을 설명해야 했고, 이교도들은 몰락을 변명해야 했습니다. 이 책의 첫 장은 4세기와 5세기 여러 그리스도교 공동체를 지배하던 그리스도교화 서사를 다룹니다. 그리고 사회 상황들과 사람들의 심성이 서서히 변화하는 과정을 살펴봅니다. 이러한 변화를 통해 라틴 세계에서는 기존의 승리 서사가 아닌 훨씬 더 냉정한 관점에 바탕을 둔 서사가 등장하게 되었습니다. 이 새로운 관점은 그리스도의 초자연적 승리에 만족하기보다는, 그리스도교 세계에 여전히 깊이 뿌리내리고 있으며, 영향력을 행사하던 과거 이교의 영향에 주목했습니다.

    2장에서는 그리스도교인과 이교도가 함께 생성한 서사, 오늘날까지 명백한 사실이자 상식처럼 확립된 서사에 관해 살펴봅니다. 이 서사는 두 가지 해석을 전제합니다. 첫째로 이 서사는 그리스도교인 황제들이 제정한 여러 법률이 교회가 다른 경쟁 세력들에 맞서 결정적인 승리를 거두게 하는 역할을 했다고 여기고, 둘째로 이 승리의 당연한 귀결로 다른 종교, 신앙에 대한 불관용이 증가했다고 봅니다. 4세기 말 그리스도교인들이 유대인들과 이교도들에게 광범위하게 폭력을 행사했다는 이야기는 바로 이와 맥락을 같이 합니다. 후기 로마 역사에서 이러한 경향이 있었던 것은 사료를 통해 확인할 수 있는 분명한 사실로, 이를 부정할 마음은 없습니다. 하지만 여기서는 여러 그리스도교 문헌에 담긴, 확신에 찬 주장들을 좀 더 넓은 배경 안에 놓고 살펴보았습니다. 이후 그리스도교가 지배하던 중세 시기에는 이러한 주장들이 크게 울려 퍼졌지만, 실제 후기 로마 시대에는 상류층 사회의 오래된 관행이 극단적인 종교의 영향력을 줄이고 누그러뜨렸습니다. 당시 상류층 구성원들은 가능한 것을 실현하는 기술이 정치라는 현실적인 감각을 유지하며 사회를 '그리스도교'와 '이교도'처럼 엄격하게 종교를 중심으로 나누어 바라보지 않으려 했습니다. 또한, 종교를 이유로 들어 다른 이들을 차별하거나 폭력을 행사하는 것에 대해서도 일정 수준의 자제력을 발휘했습니다.

  이 장이 단지 시작에 불과하다는 사실은 제 자신이 가장 잘 알고 있습니다. 이 장에서 제시한 주제는 강의 후 이어진 토론에서도 충분히 다루어지지 못했으며, 앞으로 더 많은 연구가 필요합니다. 로마 제국의 그리스도교화에 관한 전통적인 설명(황제의 권위로 제정된 법률과 그리스도교의 불관용이 결합해 그리스도교가 승리를 거두었다는 서사)의 설득력을 약화하더라도, 문제는 해결되지 않으며 다만 다른 문제로 바뀔 뿐입니다. 실제로 로마의 그리스도교화는 단순한 강제나 폭력이 아닌 좀 더 미묘하고 덜 극적인 방식으로, 사회 전반에 걸쳐 진행되었을 것입니다. 어떻게 이런 변화가 일어났는지, 유럽에서 중동에 이르는 사회 전체가 그리스도교라는 한 배타적인 신흥 종교의 확산을 통해 사회 질서의 안정을 얻게 되었는지는 질문으로 남아 있습니다. 이 질문에 대한 답이 무엇이든, 그 답을 얻기 위해서는 테오도시우스 법전을 편찬한 4세기와 5세기 초의 자신감 넘치는 로마 제국뿐만 아니라 그 너머를 바라보아야 합니다. 우리는 중세 초라는 불투명한 수백 년의 시간 속으로 뛰어들어야 합니다. 서방에서 발흥하던 신생 국가들부터 비잔티움을 지나 아르메니아, 조지아, 에티오피아 왕국에 이르는 여러 그리스도교 국가와 다양한 사회에서 국가 권력과 종교 권위와의 관계가 어떠했는지, 어떻게 바뀌었는지를 연구해야 합니다. 그래야 비로소 우리는 중세 세계의 특징인 그리스도교와 정치 권위의 결합이 어떻게 이루어졌는지 설명할 수 있을 것입니다.

따라서 3장에서는 고대 후기 그리스도교 세계의 대명사와도 같은 존재인 그리스도교 성자holy man의 생생한 상 너머, 그 이면을 살펴보고자 합니다. 수십 년 동안 저는 비잔티움과 라틴 서방에서 활동한 위대한 성인들의 「생애」Lives를 살피며 즐거움뿐만 아니라 많은 배움을 얻었습니다. 이제는 이 기록들을 활용해, 이 기록 대부분이 가리려 했던 이야기를 복원할 때가 되었다고 생각합니다. 이 장에서는 이러한 「생애」의 행간에 숨어 있는, 침묵을 강요당한 광대한 지평, 그리스도교 이전 시대의 신앙과 관행을 엿보고자 합니다. 그들에 관한 총천연색 서사를 사용하여, 저는 신들 사이의 회색 지대로 나아가려 합니다. 이 시기에 이교 관행은 금지되었지만, 그렇다고 공식적으로 승리했다고 여겨졌던 그리스도교 역시 유럽과 중동 지역에 살던 사람들 대다수가 진심으로 받아들인 종교는 아니었습니다.

세 장을 통해 독자가 1,000년에 걸친 그리스도교화 문제에 관해 더 많은 연구가 필요하다는 생각을 하게 된다면, 이 책은 충분히 유용한 역할을 한 셈입니다. 1993년 11월 케임브리지에서 제가 경험했던 것처럼 앞으로 활기차면서도, 관대한 논의가 이어지는 데 이 책이 도움이 되기를 바랍니다.

제1장

그리스도교화

- 서사와 과정

그리스도교화Christianisation라는 미로같이 복잡한 주제를 두고 본격적으로 논의를 시작하기에 앞서, 이런 문제에 전혀 신경을 쓰지 않고 살았던 안니아누스Annianus라는 인물의 이야기를 한 번 살펴보기로 합시다. 4세기경 브리타니아에 살던 마투티나Matutina의 아들 안니아누스는 어느 날 그만 은화 여섯 닢이 담긴 돈 꾸러미를 도둑맞고 말았습니다. 분통이 터진 그는 배스Bath에 있던 술리스 미네르바 여신의 성스러운 우물을 찾아 그곳에 저주를 새긴 납판을 가져다 놓았습니다. 도둑을 그냥 놓아두지 말아 달라고 여신에게 비는 내용이었지요. 판에 그는 고대인들이 으레 하던 것처럼 대구對句를 활용해 머릿속에 떠오르는 용의자들을 장황하게 나열해 놓았습니다.

> 남자든 여자든, 소년이든 소녀든, 노예든 자유민이든

그런데 여기에는 기존에는 없던 새로운 대조쌍도 추가되어 있었지요.

> 이교도든, 그리스도교인이든, 누구든seu gentilis seu christianus quaecumque.

저주판들을 세심하게 편집한 학자 로저 톰린Roger Tomlin은 이를 두고 말했습니다.

> 술리스 여신의 능력이 모든 인간에게 미친다는 점을 강조하기 위해 이교도/그리스도교인이라는 구분까지 추가했다는 사실은 무척이나 흥미롭다.[1]

이 사례는 당시 배스 술리스 미네르바 신전에서 그리스도교화가 어떤 모습으로 나타났는지를 잘 보여 줍니다. 콘스탄티누스 이

---

[1] Roger Simon Ouin Tomlin, 'The Curse Tablets', *The Temple of Sulis Minerva at Bath* II (Oxford: Oxford University Committee for Archaeology, 1988), 233. 그리고 다음을 보라. James Noel Adams, 'The Text and Language of a Curse Tablet from Roman Britain', *Britannia* 23 (1992), ii.

후에 그리스도교인들이라는 새로운 집단이 온 세계에 퍼져 나갔다는 건 분명합니다. 하지만 당시 사람들은 그들 역시 강력한 여신의 영향력 아래 있다고 여겼습니다.

다니아누스와 다른 많은 4세기 사람들에게 세계는 신성한 존재들로 가득했습니다. 그리스도교인들은 그런 세계에 자리를 잡았지요. 그리스도와 사도, 순교자의 힘도 그런 세계, 고대 세계, 그리스도교 세계 이전의 종교 지평에 통합되었습니다. 오늘날 우리가 이를 제대로 보기 위해서는 시간이 좀 필요합니다.

안타깝지만, 이처럼 무한할 정도로 다양한 4세기 종교 세계의 흔적은 그저 매혹적인 단편으로만, 전혀 다른 이야기를 들려주는 주류 역사 서술의 틈에서 겨우 볼 수 있는 파편으로만 남아 있을 뿐입니다. 이 시기와 관련해 우리에게 익숙한 주류 역사 서술에 따르면 비교적 짧은 기간, 즉 콘스탄티누스가 개종한 312년부터 테오드시우스 2세Theodosius II가 세상을 떠난 450년 사이에 고대 다신교 사회는 종말을 고했으며, 이 종말은 오랜 시간에 걸쳐 준비된 '유일신교의 승리'에 따른 결과였습니다. 4세기를 그리스도교와 고대 다신교의 대결로 점철된 시대로 보는 것도 같은 선상에 있다고 할 수 있지요. 사실 이러한 이해는 5세기 초에 등장한 탁월한 그리스도교 역사가와 논객, 설교자들이 구성한 종교사를 '재현'representation한 것입니다.[2] 이들은 이러한 묘사

---

[2] 다음은 그런 저술가에 관한 모범적인 연구라 할 수 있다. Françoise Thélamon, *Païens et chrétiens au IVe siècle: l'apport de l'Histoire ecclésiastique*

를 통해 피에르 쉬뱅Pierre Chuvin이 잘 표현했듯 실제로는 "휘청대는 세기"Wavering Century였던 4세기를 확고하고 단호한 서사로 정리해 냈습니다.[3]

우리는 이 사실을 못마땅하게 여기기보다는 왜 이토록 명백히 그리스도교 중심의 관점이 당대 역사를 바라보는 방식으로 채택되었는지를 묻고 살펴보아야 합니다. 무엇보다 이렇게 역사를 바라보면 서사가 쉬웠습니다. 이른바 '그리스도교화의 문제'를 미결 상태로 두었기 때문이지요.

우선, 우리는 4세기와 5세기 그리스도교 사료들이 그리스도교와 고대 다신교의 갈등을 어떻게 해석했는지 주목해야 합니다. 사료들은 이 갈등을 지상에서 일어나는 싸움이 아닌 천상에서 일어나는 싸움으로 그렸습니다. 이 해석에 따르면 그리스도가 지상에 왔을 때 이미 고대 다신교는 종말을 고했습니다. 4세기와 5세기 그리스도교 작가들은 (지상의 일이나 생각하는 우리 현대 역사가들이 진단하듯 테오도시우스 1세Theodosius I 통치 시기가 아닌) 그리스도가 골고다 언덕에서 십자가로 들어 올려졌을 때 하늘과 땅이 흔들리고 신전들이 무너져 내렸다고 주장했습니다.[4] 이런 관점에서 교회가 그리스도교 황제들과 손을 잡아 실제로 희생

---

de Rufin d'Aquilée (Paris: Études Augustiniennes, 1981).

[3] Pierre Chuvin, *A Chronicle of the Last Pagans* (Cambridge, Massachusetts: Harvard University Press, 1990). "휘청대는 세기"는 3장 제목이다.

[4] Jacob of Sarug, 'Gedicht über den Fall der Götzenbilder', *Ausgewählte Schriften der syrischen Dichter* (Kempten & München: Kösel, 1913), 416.

제사를 금지하고 이교 신전을 폐쇄, 파괴한 일은 수백 년 전 그리스도가 음흉한 악의 세력에 맞서 거둔 승리를 가시적으로 확인하는 절차, 형식적인 뒷정리에 지나지 않았습니다.

이 초자연적인 서사는 당시 사람들에게 대단히 편리하게 다가왔습니다. 시간 감각을 중단시켜 버렸으니 말이지요. 이 서사에서는 그리스도의 승리만 예정된 것이 아니었습니다. 승리가 드러나는 방식도 즉각적이었지요. 이러면 사람들은 이 승리가 인간 사회에 미치는 영향을 당연히 그래야 하는 것으로 받아들일 수 있게 됩니다. 서사는 이교의 신들이 로마 제국 전역에서 흔적도 없이, 단번에 사라지는 것으로 묘사했습니다. 마치 그리스도교 축귀 의식을 하면 악령에 사로잡힌 사람의 몸이 극적인 경련을 일으키고, 그와 동시에 악령은 빠져나가며, 그 사람의 정신과 몸이 정상으로 돌아오듯 말이지요. 이처럼 고대 다신교의 종말에 관한 서사들은 하나같이 즉각적인 변화를 이야기합니다. 392년 알렉산드리아 세라피스 신전의 극적인 파괴에 관한 서사만 해도 그렇습니다.[5] 수백 년 동안 세라피스라는 "귀신이 들린" 신전이 있습니다. 그리스도의 권능은 신자들의 물리력을 동원하여 귀신의 정체를 드러내고, 귀신은 쫓겨납니다. 이것이 이야기의 전부입니다. 가장 강력한 이교 신이 사라짐으로써 알렉산드리아는 "치유" 되고 그리스도교 도시가 됩니다. 당시 그리스도교

---

[5] Françoise Thélamon, *Païens et chrétiens au IVᵉ siècle*, 252.

인들은 이러한 설명만으로도 충분하다고 여겼습니다.

더 중요한 점은 옛 신들을 믿는 이들도 이런 초현실적 서사를 도구 삼아 가혹한 현실을 기정사실fait accompli로 받아들였다는 것입니다. 세라피스 숭배자들은 이집트 신들이 으레 하던 행동을 근거로 선언했습니다. 자신들의 신이 이토록 많은 신성 모독이 일어나는 것에 상심해서는 도시를 버리고 하늘로 떠나 버렸다고 말이지요.[6] 희생 제사의 종언과 신전의 폐쇄는 눈에 보이지 않는 강력한 힘들의 싸움을 지상에 반영한 것에 지나지 않았습니다. 승리한 신의 승전가가 울려 퍼지는 가운데, 패배한 신은 품위 있게 물러납니다. 필멸의 인간은 그 결과를 그저 받아들일 뿐입니다. 이의를 제기할 필요가 없습니다. 그렇게 도시의 소란 너머로 사람들의 일상은 이어졌습니다. 패배한 이교도들에게도 미약하게나마 새로운 체제에 적응할 수 있는 상상의 기반이 주어졌습니다. 로마에서 정권을 뒤집어엎은 이들이 새롭게 옹립한 적법한 황제의 영원한 승리를 선언하고, 장기간의 내전이 야기한 파괴적 참상에 자비로운 종지부를 찍고자 염원하며 집행한 공적 기록말살형damnatio memoriae과 비슷한 방식으로 말이지요.

그런데 이처럼 5세기 그리스도교인들이 자신들의 시대를 재현하던 방식은 근대를 거치며 로마의 그리스도교화라는 문제에 접근하는 우리의 방식에 영향을 미쳤습니다. 후기 그리스도교

---

[6] Pierre Chuvin, *A Chronicle of the Last Pagans*, 67~8.

문헌들은 교회의 전진과 승리라는 목표에 부합하고 발맞추어 가 게끔 조성되었고, 이로 인해 적지 않은 역사 문헌이 로마의 그리스도교화 과정을 강력하게 움직이는 힘(그리스도교)이 고대 다신교라는 움직이지 않는 덩어리에 충격을 미치는 단순한 과정으로 그리게 되었습니다.[7]

우리 역사가들은 바다 모래사장에 있는 아이들과 같습니다. 누군가 공들여 만들어 놓은 모래성을 파도가 휩쓸어 가는 과정을 호기심과 설렘 가득한 눈으로 바라보지요. 우리는 모래성의 각 부분이 물에 무너지는 정확한 시점을 기록합니다. 어떤 부분은 빨리 무너지며, 이 시점은 널리 알려져 있습니다. 로마 원로원 의사당에서 승리의 제단이 철거된 해인 384년, 세라피스 신전이 파괴되었던 (아마도) 392년, 아테네 아카데미아가 폐교한 해인 529년이 이에 해당하겠지요. 소수의 전문가만 한숨을 쉬는, 그들에게만 의기가 있는 사건도 있습니다. 대표적인 예로 394년 8월 24일에 일어난 일이 있습니다. 이후 이집트 성각문자(상형문자)hieroglyph는 역사의 뒤안길로 사라졌지요.[8]

---

[7] 다음 책들은 풍부한 근거를 통해 이를 개관한다. Johannes Geffcken, *The Last Days of Greco-Roman Paganism* (Amsterdam: North-Holland Publishing Company, 1973). Ramsay MacMullen, *Christianizing the Roman Empire* (New Haven, Connecticut: Yale University Press, 1984). 고전적 저작인 다음 책도 마찬가지다. Arnaldo Momigliano (ed.), *The Conflict of Paganism and Christianity in the Fourth Century AD* (Oxford: Clarendon Press, 1963).

[8] Françoise Thélamon, *Païens et chrétiens au IVe siècle*, 227. 또한, 다음을 보라. Ewa Wipszycka, 'La Christianisation de l'Égypte aux IVe – Ve siècles', *Aegyptus* 68 (1988), 117~164.

하지만 역사가에게 정말 설레는 일은 밀려드는 파도를 버텨낸 모래성의 일부를 찾아내는 것입니다. 카를로 긴즈부르그Carlo Ginzburg⁺의 『밤의 역사』Storia Notturna를 읽어 보면 1457년 브레사노네에서 발 디 파사의 노파들이 어떤 사람에게 자신들이 "모든 부와 행운의 어머니" 리켈라La Richella의 덥수룩한 곰 발바닥 같은 손을 만졌다고 말하는 장면이 나옵니다. 그 사람은 다름 아닌 니콜라우스 쿠자누스Nicolaus Cusanus였습니다. 당혹스러운 일이지요. (긴즈부르그의 해석에 따르면) 이 알프스 산골짜기 마을에선 그때까지도 고대 그리스 브라우론에서 숭배하던 여신 아르테미스가 건재했던 것입니다.[9]

전반적으로 역사가들은 로마의 그리스도교화라는 문제를 접했을 때 그리스도교 신앙과 관행이 고대 종교와 사회 전반에 미친 외적 영향에만 주목하는 경향이 있습니다. '그리스도교는 어떤 변화를 일으켰는가?'라는 식으로 물음을 던지면서 말이지요.[10]

한편 여러 학자 사이에는 5세기 역사가들과 달리 그리스도교가 뭔가 대단한 것을 이루었다고 생각하지 않는 경향이 있기도

---

[9] Carlo Ginzburg, *Storia notturna: una decifrazione del sabba* (Turin: Giulio Einaudi Editore, 1989), 70~88. 『밤의 역사』 (문학과지성사).

[10] Ramsay MacMullen, 'What Difference Did Christianity Make?', *Historia* 35 (1986), 322~343. 이 논문은 다음 책에도 수록되어 있다. Ramsay MacMullen, *Changes in the Roman Empire* (Princeton, New Jersey: Princeton University Press, 1990), 142~155.

합니다. 이들은 고대 지중해 사회라는 모래성에서 가장 겉에 노출된 부분만 그리스도교라는 파도의 영향을 받았다고 추정합니다. '교부 총서'Patrologia('19세기 프랑스 교부학자 자크 폴 미뉴Jacques Paul Migne가 집대성허 출판한 라틴 및 그리스 교부 및 2~13세기에 이르는 그리스도교 저작 전집)는 부와 노예제, 전쟁에 맞선 이상주의적 가르침으로, 욕망의 절제에 바탕을 둔, 성적 쾌탁 추구에 대한 비난으로 가득하지만, 로마의 세태mores라는 단단한 고지 앞에 그런 정도의 파도는 별다른 영향 없이 부글대며 거품처럼 흩어졌을 뿐, 다수의 평범한 사람이 그런 엄격한 가르침에 영향을 받았을 리 없다고 여기지요. 그래서 이들은 그리스도교화가 실제로 일어났다 하더라도 그 과정은 매우 느렸고, 결코 완전히 이루어지지 못했다고 진단합니다. 로빈 레인 폭스Robin Lane Fox는 생동감 있는 묘사가 돋보이는 책 『이교도와 그리스도교인』Pagans and Christians의 첫 장에서 이렇게 말한 바 있습니다.

> 콘스탄티누스의 통치는 그리스도교화 과정에서 이정표임이 분명하지만, 그리스도교화 자체는 완전 고용 사회나 잡초 없는 정원과 같은, 다가가지만 결코 완전히 달성할 수 없는, 현실에서는 결국 퇴보할 수밖에 없는 이상적인 목표였다.[11]

---

[11] Robin Lane Fox, *Pagans and Christians* (New York: Alfred A. Knopf, 1987), 21.

여기서는 그리스도교화라는 문제를 이런 식으로 보는 입장은 지양하려고 합니다. 대신, 먼저 하늘로 눈을 돌리겠습니다. 고대 후기 사람들이 공유했던, 당시 그들에게 깊이 뿌리내린 우주에 대한 이해 방식을 살펴보겠다는 이야기지요. 이러한 우주관은 그들에게 당대의 복잡한 종교 상황을 이해할 수 있게 해주는 지성과 상상력의 도구를 제공했습니다. 그다음에는 땅에 발을 디디고 4세기와 5세기 초 새로운 제국의 통치 방식, 상류층의 생활에 새롭게 등장한 기풍이 빠르게 그 세계에 스며들 수 있었던 건 바로 저 우주관으로부터 정당성을 부여받았기 때문이었음을 살펴보겠습니다. 마지막으로, 4세기 후반 로마 제국 서방에서 제국 통치의 위기는 점점 더 뚜렷하게 드러났고, 이에 따라 제국을 바라보는 그리스도교인들의 관점도 바뀌었으며 결국 앞서 이야기한 것과는 다른 그리스도교화에 대한 관점이 등장했는데, 이 관점에 대해 다루어 보겠습니다. 성 아우구스티누스Augustine of Hippo[+]의 글을 통해 퍼진 이 새로운 관점은 이전보다 더 냉정하고, 승리주의 색채가 덜하며, 초자연적 요소도 약화된 모습을 보입니다. 이 관점은 서방 그리스도교인들이 로마 세계에서 교회의 승리를 이해하는 방식에 깊은 영향을 미쳤습니다.

먼저 눈을 들어 하늘을 바라봅시다. 물론 고대인들이 보듯 우리가 하늘을 보기란 쉬운 일이 아닙니다. 유일신교마저 퇴색한 이 메마른 시대를 살아가는 우리는 하늘을 올려다보면 그저 텅 비어 있다고 여깁니다. 우리는 더는 (그것이 어떤 의미이든) 눈에 보이지 않는 존재들로 가득 찬, 구름처럼 두꺼운 물리적 우주인 '문두스'mundus가 있다고 믿지 않습니다. 하지만 대다수 고대 후기 사람들은 신적 존재들과 그들을 섬기는 천상의 수행원들이 함께 살며 우주를 영원히 다스린다고 확고하게 믿었습니다.[12] 그리스도교가 가르치던 창조와 종말은 바로 이 믿음에 도전했고 이 믿음을 뒤흔들었습니다.

> 그들(그리스도교인)은 영원한 생명으로 번영하는 우주mundus를 한시적이고 짧은 것인 양 업신여긴다.[13]

고대 후기의 역사 자료를 이해하기 위해서는 대다수 고대인이 신적 세계와 우주를 이해하던 방식을 염두에 두어야 합니다. 그렇게 하지 않으면 이 증거들은 그 내용은 겉으로는 분명해 보일지 모르나, 마치 대기 없는 달이 비현실적으로 뚜렷하게 보이듯 이해하기 쉬울 수는 있어도 그 전체 의미는 파악하기 어렵게 됩니다. 분명, 그리스도교 신학자들과 설교자들의 영향 아래 이 신적 세계에 대한 이해는 점차 변화했습니다. 이 '문두스', 우주에 대한 고대인들의 이해 변화는 빙하가 움직이듯 매우 느리게 일

---

[12] André-Jean Festugière, *La Révélation d'Hermès Trismégiste II: Le Dieu cosmique* (Paris: Les Belles Lettres, 1949), 343.

[13] Germain Morin(ed.), *Consultationes Zacchaei et Apollonii* (Bonn: Peter Hanstein, 1935), 8.

어났습니다.

실제로 당시 사람들은 우주가 하나라는 개념보다는 우주 내 차원과 영역의 구분을 더 강조했습니다. 그들은 최고의 신적 존재가 찬란하게 빛나는 별들보다 훨씬 위에, 최상위 구역에 있다고 믿었습니다. 인간이 머무는 지구는 "우주의 맨 밑바닥"에 있으며 지상을 드나드는 수많은 하위 영적 존재들을 통해 저 높은 신의 자비를 경험한다고 생각했지요.[14] 오랜 세월을 통해 형성된 위엄과 의심할 여지 없는 진리를 담은 이 우주관, 상상 구조는 종교와 관련된 4세기 사람들의 공통 감각을 형성했습니다. 놀랍게도 당시 그리스도교인들 역시 이 감각을 공유했습니다. 카르타고에서 아우구스티누스는 이런 설교를 했습니다.

> 이렇게 말하는 사람들이 있습니다. '하느님은 선하시다. 위대하시다. 지고하시다. 영원하시며 썩지 않으실 분이시다. 그분은 부활을 통해 약속하신 영원한 생명과 썩지 않는 몸을 우리에게 주실 것이다. 그러나 이 세상의 일들과 이 시간에 속한 것들(세속적이고 일시적인 것들)은 정령들과 어둠의 세력에 속해 있다'고 말입니다. 이들은 이렇게 말하면서 마치 현세의 일들이 하느님에게 속하지 않는 것처럼 그분을 무시합니다. 그리고는 끔찍한 제사를 드립니다. 뭔지 모를 이런저런 치료제들을 쓰

---

[14] 아우구스티누스, 「설교」, 18.1.

며, 사람들의 가당치 않은 설득에 귀를 기울이며 일시적인 것들을 제공해 달라고 합니다.[15]

당시 사람들은 최고신의 총애를 받는 심복들이 이 혼란스러운 세상, '문두스'의 밑바닥에 대해서도 잘 알고 있다고 생각했습니다. 그래서 건강과 행복을 얻기 위해서는 그들에게 조언을 구하면 된다고 여겼지요. 420년, 아트리페의 셰누테Shenoute of Atripe는 "현명하기로 이름난" 속주 총독이 느닷없이 오른발 발가락에 자칼의 발톱을 묶어 다니는 광경을 목격했습니다. 왜 자칼의 발톱을 묶어 다니냐고 물으니 총독은 "어느 위대한 수도사"의 조언을 따랐다고 답했지요.[16] 셰누테가 보기에 이는 그리스도교와 전혀 관련이 없는 주술에 불과했지만, 정작 이를 권한 인물은 꽤나 명망 있는 그리스도교 수도사였던 것입니다.

그런데 셰누테의 반응이 흥미롭습니다. 진지하게 수도사의 말을 따르는 총독을 앞에 두고 우주가 상위의 권능과 하위의 권능으로 나뉘어 있지 않다고 설교를 늘어놓는 대신, 그리스도의 권능을 드높입니다. 오직 그리스도만이 (사람들의 상상에서 철저하게 나뉘어 있던) 우주의 상부와 하부를 잇는 다리라고, 따라서 그

---

[15] 다우구스티누스, 「시편 34편 상해 1」, 7.
[16] 셰누테, 「오리게네스주의자 반박」, 256~7. 이 글은 다음 책에 수록되어 있다. Tito Orlandi(ed.), *Shenute contra Origenistas: Testo con introduzione e traduzione* (Rome: Centro Italiano di Studi sull'Alto Mecioevo, 1985), 18~19.

리스도의 권능은 물질세계의 모든 영역에 미친다고 그는 말했습니다.

> 이 거룩한 이름의 온전함에 이르도록 애쓰십시오. 그러면 당신의 입술과 당신 자녀의 입술에서 그 이름이 떨어지지 않을 것입니다. 거룩한 축제 때, 기쁨에 가득 찰 때 예수를 부르짖으십시오. 걱정할 때나 아플 때도 예수의 이름을 외치십시오. 어린아이들이 웃을 때도 예수의 이름을 외치게 하십시오. 야만족을 피해 도망하는 이들이여, 예수를 부르짖으십시오. 나일강을 따라 내려가는 이들이여, 예수를 부르짖으십시오. 맹수 앞에 선 이들, 무서운 광경을 마주한 이들이여 예수의 이름을 외치십시오. 감옥에 끌려간 이들, 재판에서 부당한 일을 당한 이들이여 예수의 이름을 부르짖으십시오.[17]

5세기 초 아우구스티누스와 셰누테 같은 이들에게 '그리스도교화'의 핵심은 단순히 외적인 변화가 아닌 '문두스', 곧 우주를 보는 상상 체계를 그리스도교화하는 것이었습니다. 이들은 우주가 예수 그리스도를 통해 계시된 유일신의 배타적 권능 아래 하나로 있다고 주장했습니다. 이러한 관점은 고대의 분화된 우주 모형과는 근본적으로 달랐습니다. 전통적인 모형에서는 우주의 각

---

[17] 셰누테, 「오리게네스주의자 반박」, 256~7. Tito Orlandi(ed.), *Shenute contra Origenistas*, 62~3.

영역을 다른 신적 존재들이 다스린다고 여겼기에 이 땅에서 다양한 종교 관행이 있는 것을 당연시하고 용인했습니다. 문두스에 대한 상상 체계를 그리스도교화하는 과정은 당시 대다수 사람이 갖고 있던 종교 상식과는 완전히 다른, 신의 활동 방식과 우주의 본질에 대한 새로운 종교 '상식', 혹은 공통 감각common sense을 만들어 내는 작업이었습니다. 이를 제대로 이해하기 위해 이제 우리는 하늘에서 땅으로 시선을 돌려야 합니다. 특히 콘스탄티누스와 그 후계자들이 통치하던 4세기 로마 제국으로, 세기 말 변화가 있기 전 시점으로 돌아가 볼 필요가 있습니다.

4세기의 공공 문화로 눈을 돌려 보면 이 시기에 일어난 '그리스도교화'를 어떻게 이해해야 하는지 다시 생각하지 않을 수 없게 됩니다. 명백한 괴리가 엿보이기 때문이지요. 상황은 이렇습니다. 4세기, 재건된 로마 제국에서 공고한 지위를 누리며 살아가던 사람들을 봅시다. 그들이라면 "정교하게 조직된 사회의 정치 중심에는 언제나 통치 계층과 그들의 통치가 작동한다는 사실을 표현하는 일련의 상징 체계가 존재한다"[18]고 쓴 클리퍼드 기어츠Clifford Geertz의 말에 고개를 끄덕였을 것입니다. 그런데 이 시기, 후기 로마 제국의 예술이나 세속 문화에는 뚜렷한 특징이 하나 있었습니다. 공식적으로는 그리스도교 제국을 표방하던 로마 제국을 통치하던 사회 지도층이 자신들이 "실제로 통치하고"

---

[18] Clifford Geertz, *Local Knowledge* (New York: Basic Books, 1983), 124.

있다는 사실을 내세우기 위해 사용한 상징들은 그리스도교와 거의 관계가 없었다는 점입니다. 전혀 관계가 없었다고 보아도 무방하지요.

후기 로마 제국의 '포텐테스'potentes, 즉 권력자들은 인상적인 방식으로 자신들의 지배력을 과시했습니다. 후기 고전 시대 특유의 강렬한 모자이크가 그들의 저택을 수놓았습니다.[19] 과거의 의식과 예법은 더욱 화려하게 변형되어 그들의 번영과 권력을 기렸습니다.[20] 황궁의 의전도 한층 정교해졌습니다.[21] 또한, 그들은 다양한 시문학과 서간문, 연설문 양식들을 동원해 통치 계층으로서의 결속력을 표현했고, 자신들의 권위를 드러내는 상징물로 활용했습니다.[22] 그러한 면에서 후기 로마 제국 문화의 가장 빛나는 성과는 기존의 고대 로마 전통을 버리지 않고, 새로운 시대, 새로운 제국에 맞게 과감하게 바꾸고 조합해 권력의 상징 체계를 만들어 낸 것이라 할 수 있습니다. 그러나 사회 및 문화 영

---

[19] Ludwig Schneider, *Die Domäne als Weltbild: Wirkungsstrukturen der spätantiken Bildersprache* (Wiesbaden: Franz Steiner Verlag, 1983).

[20] Michel Meslin, *La fête des Kalends de janvier dans l'Empire romain* (Brussels: Latomus, 1970).

[21] 다음을 참조하라. Sabine G. MacCormack, *Art and Ceremony in Late Antiquity* (Berkeley, California: University of California Press, 1981). Avril Cameron, 'The Construction of Court Ritual: The Byzantine Book of Ceremonies', *Rituals of Royalty: Power and Ceremonial in Traditional Societies* (Cambridge: Cambridge University Press, 1987), 106~136.

[22] Averil Cameron, *Christianity and the Rhetoric of Empire: The Development of Christian Discourse* (Berkeley, California: University of California Press, 1991), 47~88.

역에서 일어난 이러한 변화는 결코 "그리스도교화"의 과정은 아니었습니다. 오히려 실상은 그 반대였지요. 우리가 보게 되는 건 그리스도교인과 비그리스도교인이 공유할 수 있는 공공 문화가 융성하는 모습입니다.

이러한 4세기 상류층의 분위기는 그들이 남긴 유물에서 생생하게 드러납니다. 호화롭게 제작된 이 시대 어느 「역서」Calendar 사본을 살펴봅시다. 이 역서는 발렌티누스라는 부자에게 354년 헌정되었으며, 이를 제작한 장인은 나중에 교황 다마수스Damasus를 위해 일했던 인물입니다. 어쩌면 그는 성지 순례를 다니던 열렬한 여성 은둔 수도자 노老 멜라니아Melania the Elder와도 친분이 있었을지 모릅니다. 이 노 멜라니아가 두호斗護하던 인물이 루피누스Rufinus인데, 그는 성 히에로니무스Jerone의 젊은 시절 친구였지요.[23] 이 역서에는 콘스탄티누스 이후 시대 흔히 쓰였던 칭송문('하느님 안에서 번창하소서'floreas in Deo)이 실려 있고, 로마 교회의 축일 목록과 선종한 역대 교황들의 추모일도 수록되어 있습니다. 하지만 정작 역서의 삽화는 각 달과 관련된 로마 시대 공적 종교 의례들을 정성스럽게, 공들여 세심히 묘사하고 있지요. 미첼 샐즈먼Michele Salzman이 이 354년 「역서」를 두고 펴낸 책 제목처럼, 그리스도교인 귀족 발렌티누스는 여전히 "로마의 시

---

[23] Alan Cameron, 'Filocalus and Melania', *Classical Philology* 87 (1992), 140~144.

간"Roman Time을 살고 있었던 셈입니다.²⁴

　이「역서」를 두고 어떤 부분이 알맹이고 어떤 부분이 옛 전통을 별다른 생각 없이 가져다 쓴 빈껍데기인지를 묻는다고 해서 딱히 얻을 수 있는 것은 없습니다. 오히려 살펴보면 볼수록, 우리가 "고전적", "이교적"이라고 부르는 것들과 "그리스도교적"이라고 여기는 것들이 긴밀하게 얽혀 하나의 일관성 있는 전체를 이루고 있음을 발견하게 되지요. 이 모습은 퍽 경탄스럽습니다. 두 요소는 서로 충돌하지 않습니다. 양립 불가능하지 않습니다. 표면 아래 흐르는 깊은 유사성의 힘에 서로 이끌립니다.²⁵ 고전 시대의 요소와 그리스도교의 요소는 서로 대립하지 않으며, 고전 시대의 요소가 얼마나 남아 있고, 그리스도교의 요소가 얼마나 더해졌는지를 따진다고 그리스도교화의 진행 정도를 측정할 수 없습니다. 그런 기준으로 본다면, 로마인 발렌티누스는 그리스도교화 과정의 절반 지점 정도에 이르렀을 뿐이라고 평가받겠지요. 하지만 고전 시대의 요소들은 사라지지 않았으며 새롭게, 다시 배치되었습니다.

　때로는 더 고도의 의미를 전달하기도 했습니다. 옛 신들은 숭배의 대상이 아니라 권력과 번영을 수호하는 문화적 상징이 되

---

[24] Michele Renee Salzman, *On Roman Time: The Codex-Calendar of 354* (Berkeley, California: University of California Press, 1990).

[25] Kathleen Shelton, 'Roman Aristocrats, Christian Commissions: The Carrand Diptych', *Tradition and Innovation in Late Antiquity* (Madison, Wisconsin: University of Wisconsin Press, 1989), 105~127.

었습니다. 그들의 관능미와 위엄, 후기 고전 시대 조각상 특유의 익살스러움은 풍요롭고 평화로운 삶을 그린 장면들에 위엄과 생동감을 불어넣었고 '문두스'를 더 화려하게 만들었습니다. 사람들은 여전히 이들이 이 우주 하층부의 승리, 애욕, 땅의 풍요를 관장한다고 여겼습니다. 유일신의 존재는 아직 완전히 그들을 가리지 못했습니다. 이들은 콘스탄티누스와 그의 후계자들이 재수립한 '사이쿨룸'saeculum, 세상의 질서에 종교적 정당성을 부여했습니다.[26]

헤겔Georg Wilhelm Friedrich Hegel은 근대인들이 고대 신들의 조각상을 유물이나 예술품으로 감상할 뿐 "더는 그들에게 무릎을 꿇지 않는다"고 말한 바 있습니다.[27] 그러나 4세기 상황은 그보다 훨씬 더 복잡했습니다. 헤겔의 말과 달리, 저 고대의 상징들은 무릎 꿇는 몸짓이 있는 곳에 살아 숨 쉬었습니다. 사람들은 더는 고대 신들에게 무릎을 꿇지 않았지만, 황제나 권력자들을 향한 무조건적 경배('아도라티오'adoratio)는 지극히 당연하고 적절한 행위로 여겼습니다.[28]

---

[26] Ludwig Schneider, *Die Domäne als Weltbild*, 314. Johannes G. Deckers, 'Dionysos der Erlöser?', *Römische Quartalschrift* 81 (1986), 145~172.

[27] Georg Wilhelm Friedrich Hegel, *Ästhetik*, 1.1, *Werke* 10.1 (Berlin: Duncker und Humblot, 1835), 135.

[28] 황제의 상에 경배하는 행위에 대한 태도에 관해서는 다음을 보라. Germain Morin(ed.), *Consultationes Zacchaei et Apollonii*, 34~5. 이 단락에 관한 해설은 다음을 참조하라. Jean-Luc Feiertag, *Les Consultationes Zacchaei et Apollonii* (Fribourg-en-Suisse: Éditions Universitaires, 1990), 68~97.

놀랍게도 그리스도교의 상징조차 이 세속적인 경배의 공간에 섞여 들어갔습니다. 그리스도의 문양을 담은 깃발('라바룸'labarum, 그리스어로 그리스도를 뜻하는 "크리스토스"Χριστός의 첫 두 철자인 X와 P를 겹쳐놓은 문양을 새긴 깃발, 콘스탄티누스 이래 쓰였다), 정교하게 장식된 십자가들이 '세상의 회복'reparatio saeculi과 '세상의 복'felicitas saeculi을 기리는 공적 축제의 현장에 등장했습니다. 그리스도교 상징들이 세상의 안정과 번영을 표현하는 기호가 된 것이지요. 이러한 상징들은 새로운 통치 계층과 관련된 거의 모든 물건에 쓰였습니다. 이정표, 모자이크 바닥, 호화로운 식기, 심지어 노예에게 채우던 목걸이에 이르기까지 말이지요. 당시 한 목걸이에는 십자가 문양과 함께 이런 글귀가 있었습니다.

> 나는 도망 노예입니다. 체포 바랍니다. 카일리우스 언덕 엘피디우스 영감 댁으로 보내 주시기를 바랍니다.[29]

출처가 불분명한, 그리고 소유권 분쟁으로 악명 높은 이른바 '세우소 보물'Sevso Treasure이라는 고급 은제품 유물은 그리스도교 제국의 현실을 적나라하게 보여 줍니다. 여기서 우리는 그리스도교 제국이 제공하던 혜택을 누리며 살던 어느 지방 귀족 세우소를 마주합니다. 이민족 출신의 군인으로 보이는 그는 애마 인노

---

[29] Hermann Dessau, *Inscriptiones Latinae Selectae* 8730 (Berlin: Weidmann, 1892), III, 983.

켄타우스와 함께 사냥을 다니고 발라톤 호수의 특산물인 맛난 생선 요리를 혀 먹는 등 말 그대로 잘 먹고 잘 살았습니다. 그가 갖고 있던, 은 무게만 2.6킬로그램가량 나가는 커다란 접시에는 사냥 장면과 함께 이런 글귀가 적혀 있었지요.

> 세우소 공. 이 그릇들이 귀공께 세세토록 봉사하여
> 귀공의 후손들에게도 이로운 물건이 되기를.[30]

그리고 이 문구의 시작 부분에, 사냥 연회를 즐기는 세우소의 모습 위에 그리스도교의 상징 '라바룸'이 새겨져 있습니다. 2세기 브리타니아 섬과 판노니아에서 공공 연회를 할 시 음식에 황제가 고대 신들에게 제물을 바치던 장면을 새기듯 이제는 같은 장소에서 같은 행사를 치를 때 그리스도교의 상징을 새기게 된 것이지요. 세우소와 같은 유력자들에게 이 상징은 세상, 사이쿨룸이 초자연적인 권능의 보호 아래 안전하고 평온한 공간이 될 수 있다는 확신을 주었습니다.[31]

그리스도교화의 과정에서도 로마인들의 집단적 상상에서 문두스, 즉 하늘과 땅이 층층이 연결된 우주의 구조는 중요한 역할

---

[30] Marlene Mundell, 'The Sevso Treasure Hunting Plate', *Apollo*, July 1990, 2~11, 65~67.

[31] Richard Gordon, 'The Veil of Power: Emperors, Sacrificers and Benefactors', *Pagan Priests* (Ithaca, New York: Cornell University Press, 1990), 217~219.

을 했습니다. 이교도뿐 아니라 그리스도교인들에게도 이 우주관은 하늘의 유일신에 대한 신앙과 함께 사이쿨룸, 즉 이 땅에서의 삶, 풍요, 질서, 건강, 승리, '로마의 평화'에 대한 강한 열망을 동시에 품을 수 있는 상상력의 틀을 제공해 주었습니다. 이전 시대에는 이런 세속의 문제들은 옛 신들의 관할 아래 있다고 여겼지만, 이제는 그리스도교 세계 안에서, 하늘의 더 높은 차원과 연결되어 있다는 방식으로 다시 자리 잡게 되었습니다. 이 시기 로마 제국의 주요 도시나 안정된 지역에서는 로마 제국의 지배력이 여전히 잘 작동하고 있다는 인상을 주기 위해 "일련의 상징들"이 동원된 종교적인 의식이 이루어졌지요. 그런 의식은 엄밀히 말해 "이교적"이지는 않았습니다. 피를 흘리는 희생 제사를 의도적으로 배제했기 때문입니다. 하지만 이 의식의 목표는 지상 로마의 질서를 찬란한 하늘의 안정적인 질서와 연결함으로써 신성함과 정치적 정당함을 부여하는 것, 로마를 '문두스'의 표상으로 만드는 것이었습니다. 반복하여 거행하는 의식 속에서 지상의 로마 세계, '사이쿨룸'은 하늘 위 영원한 차원을 반영했고, 영원의 신비로운 힘은 사람들의 눈에 보일 정도로 장엄하고 생생하게 다가왔습니다.[32]

콘스탄티노폴리스의 황궁과 대경기장Hippodrome에서는 오랫

---

[32] Alexander Riese(ed.), 'De circensibus', Codex Salmasianus 197, *Anthologia Latina* I (Leipzig: Teubner, 1964), 161. 신년 축제에 관해서는 다음을 보라. Ausonius, *Carm.* 11.5.

동안 이런 예식들이 계속되었습니다. 395년 이래 재정비된 제국 동방에서는 안토니누스 시대에나 가능했을 법한 평화, '팍스 비잔티나'Pax Byzantina를 누렸지요.[33] 하지만, 놀랍게도 위험과 불안으로 가득 찼던 440년대 서로마에서도, 특히 아틸라의 위협 아래 놓여있던 시기에도 이와 같은 의례가 거행되었습니다. 라벤나의 독실한 가톨릭 고관들은 1월 1일 열린 성대한 신년 대축제에 참여했습니다. 이 행사는 세상, '사이쿨룸'의 영광을 장엄한 행렬과 그 해 집정관의 선출로 기렸습니다. 우주의 환희를 재현하기 위해 "우상들의 작업장"officina idolorum이라 할 만한 옛 신들의 장식, 장엄한 무대 장치들이 동원되었지요. (로마의 신들인) 막강한 행성들을 상징하는 예복을 입은 사람들이 라벤나의 대경기장 주로를 엄숙하게 행진했습니다. 로마의 영원하고 찬란한 힘이 이룩할 회복의 약속을 지상에 전하는 희열의 순간이었습니다.[34]

그러나 이 행사의 분위기에 모든 사람이 빠져들었던 것은 아닙니다. 제국 동방에서 거행하던 행사에 관해서는 황궁에서 정리해 보존한 「예식서」Book of Ceremonies 덕분에 오늘날 알 수 있지만, 제국 서방에서도 이런 행사가 있었다는 사실을 알려주는 건 당시 라벤나의 주교였던 페트루스 크리솔로구스Petrus Chrysologus[+]

---

[33] Yvette-Marie Duval, 'Des Lupercales de Constantinople aux Lupercales de Rome', *Revue des Études Latines* 55 (1977), 222~270, 특히 236~41.

[34] Michel Meslin, *La fête des Kalends de janvier dans l'Empire romain*, 51~93.

가 충격과 분노를 담아 남긴 비판입니다. 설교에서 그는 말했습니다.

> 낡은 시대의 우상 숭배가 새해를 축복하는 데 쓰이고 있습니다.[35]

크리솔로구스의 촌평은 서방에 새로우면서도 날카로운 바람이 불어오고 있음을 일깨워 줍니다. 어떤 면에서 이 바람은 이미 한 세대 넘게 불고 있었습니다. 페트루스 크리솔로구스와 같은 그리스도교인들에게 그리스도교화는 콘스탄티누스 제국, 재건된 세계의 축제에 아무런 문제의식도 없이 참여하는 것이 아니었습니다. 그들은 그리스도교화가 이제 막 시작되고 있다고 여겼습니다. 우리는 이러한 분위기의 변화에 주목해야 합니다.

이 변화는 처음에는 포착하기 어렵습니다. 하지만 엔진의 출력을 올릴 때 소리가 변하듯 분명하게 감지할 수 있지요. 설명보다는 묘사가 쉽습니다. 저는 로버트 마커스Robert Markus의 명료하고 깊이 있는 걸작 『고대 그리스도교의 종말』The End of Ancient Christianity에 힘입어 이 부분을 좀 더 과감히, 진지하게 돌아보고

---

[35] 페트루스 크리솔로구스, 「설교」, 155, bis, 1. 해당 설교는 다음 책에 수록되어 있다. A. Olivar(ed.), *Corpus Christianorum* 24B (Turnhout, 1975), 967.

자 합니다.[36] 그는 고대 후기와 중세 초 그리스도교화를 서술하기 위해서는 무엇보다도 당시 그리스도교인들이 무엇을 '그리스도교회'라 여겼는지를 면밀하게 살펴야 한다고 주장했습니다. 이제부터는 그의 제안을 이어받아 제 나름의 방식으로 이를 탐구해 보려 합니다. 그렇게 하기 위해서는 고대 그리스도교인들이 무엇을 성공으로 여겼는지 관심을 기울여야 합니다. 또한, 로마 후기 그리스도교인들이 현실에서 어떤 활동이 가능한지를 규정한 상상의 지평을 존중해야 합니다. 4세기 말, 암브로시우스 Ambrose of Milan[+]와 아우구스티누스의 시대에 이르러 이 상상의 지평은 바뀌었으며, 영향력 있고 기민한 그리스도교인들은 이 변화를 적극적으로 활용했습니다.

무엇보다 378년 아드리아노폴리스 전투 이래 내전이 계속되고 여러 국경 요충지가 약화되면서 지상의 세계, '사이쿨룸'은 더는 안전해 보이지 않게 되었습니다. 이를테면 세우소가 살던 판노니아는 더는 안락하고 번영하는 장소가 아니었습니다. 이른바 "최초의 그리스도교 제국"이 이루었던 합의가 기반을 두고 있던 공동의 번영이 사라진 것입니다.

물론 이는 정황을 통해 추정한 설명으로 가설의 성격을 띱니다. 그러나 적어도 이 시기 여러 지역과 계층에서 그리스도교는 분명히 변화했습니다. 여기서 기억해야 할 사항은 다른 신앙에

---

[36] Robert Markus, *The End of Christianity* (Cambridge: Cambridge University Press, 1990), 1~17.

대한 편견이 사라진다고 해서 그것이 곧바로 관용의 확대로 이어지지는 않는다는 것입니다. 오히려 오염pollution 관념에 기반을 둔 뚜렷한 적대감과 회피 규칙이 종교 집단들 사이에 일종의 보호막을 형성할 수 있지요. 서로 일정한 거리를 두게 하니 말입니다. 콘스탄티누스와 후계자들은 제물을 바치는 제단 근처에도 가지 않았습니다. 사람들은 당연히 그들이 "피의 제사를 역겨워하며 꺼릴" 것이라고 생각했습니다.[37] 아프리카에서는 도나투스파Donatists가 거룩함을 내세워 혐오와 회피를 정당화했습니다. 그들의 시조는 대박해 시대 이교 제단의 피비린내 맡기를 거부한 것을 자랑스럽게 여겼지요.[38] 콘스탄티누스 시대 이후 대다수 그리스도교인에게 가장 중요한 문제는 이교 예식으로 인한 오염을 피하는 것이었지, 이교 예배를 억압해 복음을 전하는 것이 아니었습니다.

400년경 아프리카의 (아마 노老 멜라니아의 아들 발레리우스 푸블리콜라Valerius Publicola로 보이는) 대지주 푸블리콜라는 아우구스티누스에게 빗발처럼 질문을 쏟아냈는데 모두 오염 및 회피와 관련된 질문들이었습니다. 옛 종교가 건재하던 시골에 땅을 가지고 있던 그리스도교 지주들, 관리자들, 농부들에게 이런 질문은

---

[37] 에우세비오스, 「콘스탄티누스의 생애」 4.10. 샤푸르에게 보낸 콘스탄티누스의 편지를 보라. 나중에 황제로 등극하는 발렌티니아누스 1세는 옷자락에 이교의 정화수가 묻자 이를 잘라냈다고 한다. 소조메노스, 「교회사」 6.6.

[38] 아우구스티누스, 「시편 상해」 88, 14.

삶에 밀착해 있는 질문이었습니다. 이교 예식에서 축복받은 작물을 가져가도 되는지, 제단 곁에 있던 (그렇기에 이교 신들에게 바친 제물일 수도 있는) 과일을 먹어도 되는지, 이교 신상들이 들어서 있던, 따라서 향냄새가 배어 사라지지 않는 공공 욕장에서 목욕을 해도 되는지 등의 질문들이었지요.[39] 아우구스티누스는 본질과 상관없는 과도한 걱정이라며 일축했지만, 이 질문들은 당시 일반적인 중상류층 그리스도교인들이 세계를 어떻게 이해했는지를 생생하게 보여 줍니다. 이교 희생 제사 및 이와 연결된 예식들에 주목하며 행여나 이런 것이 자신들을 오염시키지 않을까 예민하게 반응하는 그들의 모습은 그리스도교 공동체 바깥에 이교가 건재하며, 앞으로도 그럴 것이라고 이해했음을 암시합니다.

앞서 저는 당시 사람들이 우주, '문두스'가 여러 구획으로 나뉘어 있는 것으로 이해했다고 말씀드린 바 있습니다. 그리고 이러한 우주관은 방금 살핀 회피에 대한 관념을 더 강화했습니다. 최고신과 하위 세력들을 엄격하게 구분하는 관점에서 많은 사람이 하위 세력들에게 보호를 요청하는 건 꽤 자연스러운 일이었습니다. 그리스도교인들은 이교 의식의 위험성과 허구성을 누구보다 잘 안다고 주장하며 (콘스탄티누스의 표현을 빌리면) "옛 시대의 미신"을 피해야 한다고 강조했지만, 동시에 그런 의식들이

---

[39] 아우구스티누스, 『서간집』 46 및 47.

실제로 효력을 발휘할 수도 있다는 점은 암묵적으로 인정했습니다.[40] 아우구스티누스가 있던 히포 교회의 주요 교인들도 그랬습니다. 그들은 「사제 규범집」libri pontificales(*고대 로마 공화정 및 제정 시기 고위 사제단이 참고한 의례 규범)에 따라 수행된 의식들은 하느님이 기꺼워하셨을 것이며, 근래 등장한 비의나 주술만을 단죄해야 한다고 주장했지요. 수백 년 후, 비잔티움 사람들 역시 티아나의 아폴로니오스Apollonius of Tyana+와 같은 철학자들이 만든 부적이 지진으로부터 도시를 보호해 주고 있다고 믿었습니다. 그들이 하늘 아래 퍼지는 불가사의한 힘들을 달래고 통제하는 법을 알고 있다고 생각했기 때문이지요.[41]

이런 생각을 가진 그리스도교인들은 이교 의식이 사라지지 않고 이어지고 있다고 해서 하느님 앞에서 흉이 되는 일이라 여기지 않았습니다. 자신이 거기에 오염되지 않도록 주의하면 그것으로 충분하다고 생각했지요. 이런 태도는 콘스탄티누스 시대 이전에 있었던 엘비라 회의Concilium Eliberritanum의 결의 내용에서도 엿볼 수 있습니다. 여기에 따르면, 노예들이 폭동을 일으킬 수 있는 경우, 지주들은 소유지에서 노예들이 하는 희생 제사를 막지 않고 방관해도 죄를 지은 게 아닙니다. 지주 본인이 참여하

---

[40] 「테오도시우스 법전」, 9.16.2.
[41] 아우구스티누스, 「악마의 점술」, 2.5. 시나이인 아나스타시오스, 「질문과 답변」, 20.

지 않으면 그것으로 충분했습니다.⁴² 이렇게 구획화된 우주관은 많은 그리스도교인이 자신과 다른 믿음을 가진 이웃의 신앙과 실천에 별다른 관여를 하지 않아도 되는 명분을 제공했습니다.

여기서 우리는 세대 간 변화만큼이나 감지하기 어려운 변화와 마주하게 됩니다. 흔히 사람들은 밀라노의 암브로시우스와 같은 주교들을 4세기 후반 라틴 그리스도교의 변화에 커다란 역할을 한 인물로 평가하곤 합니다. 황제부터 시작해 일반 신자에 이르기까지 도두에게 엄격한 태도, 그리스도교가 다른 종교와 함께할 수 없다는 견해를 강요했다고 말이지요. 그러나 그렇게 행동하기 전에, 이 성직자들은 새로운 세대의 영향력 있는 평신도들 사이에서 가능성의 지평이 변화하고 있음을, 이전에는 불가능했던 것이 이제는 가능함을 감지했을 수 있습니다. 이 시기를 거치며 성직자들은 신자들에게 더 많은 것을 요구할 수 있게 되었고, 신자들은, 적어도 몇몇은 그런 요구를 기꺼이 받아들였습니다. 영향력 있는 평신도 그리스도교인들, 상류층에 속한 그리스도교인들에게 그리스도교는 하급자들에게 자신의 힘을 드러내는 상징 중 하나가 되었기 때문입니다.⁴³

---

⁴² Council of Elvira, canon 41. 이 조항은 다음 책에 수록되어 있다. E. J. Jonkers(ed.), *Acta et symbola concliorum quae quarto saeculo habita sunt* (Leiden: Brill, 1974), 14.

⁴³ 다음 책은 이전과는 완전히 다른 모습의 암브로시우스를 그린다. Neil McLynn, *Ambrose of Milan: Church and Court in a Christian Capital* (Berkeley, California: University of California Press, 1994). 내가 언급한 과정을 아래의 연구가 탁월하게 기술하고 있다. Rita Lizzi, 'Ambrose's

당시 그리스도교 성직자들이 남긴 글과 설교를 통해 우리는 이러한 분위기 변화를 감지할 수 있습니다. 이들은 평신도들에게 배타적인 신앙 태도를 주입하고자 애썼습니다. 물론 실제로 대다수 신자는 오랜 시간에 걸쳐 확립된 타협과 관행을 버리라는 요구에 귀 기울이지 않았습니다. 그러나 '하느님은 한 분'이라는 신앙에 대한 새로운, 한층 더 엄격한 해석이 상류층의 권위 이해에 오랜 기간에 걸쳐 미친 영향을 과소평가해서는 안 됩니다. 4세기 후반과 5세기, 그리스도교는 서방 세계 여러 속주의 상류층에게 새로운 권력 모형을 제시했습니다. 이 모형은 하늘에서와 같이 땅에서도 뚜렷하게 작동하는 지휘 체계를 전제로 했습니다. 암브로시우스의 표현을 빌리면 "하느님을 위해 싸우는"militans pro Deo 황제는 귀족 계층과 연결되었고, 이들을 통해 제국 전체 거주민과 연결되었습니다.

그리스도교 금욕주의 언어는 이와 같은 권력 모형에 도움을 주었습니다. 당시 수도 생활을 하던 그리스도교 작가들은 권력자들에게 편지를 보내며 부, 교양, 권위처럼 세상이, '사이쿨룸'이 중시하던 가치를 철저하게 탈신비화하고 상대화했습니다. 그러나 상대화된 덕분에 이러한 사회적 힘들은 분명한 목적을 위해 쓰인다는 조건 아래 합당한 것으로 인정받았습니다. 이들은 더는, 아무런 문제 없이 받아들여야만 하는, 사회의 불변하는 특

Contemporaries and the Christianisation of Northern Italy', *Journal of Roman Studies* 80 (1990), 156~173.

징, 안정적인 '문두스', 상위의 우주를 반영하는 것들이 아니었습니다. 권력, 부, 우월한 교양은 당연한 것이 아니었습니다. 이들은 지고하신 하느님이 직접 주신 선물이었습니다. 그러므로 하느님의 교회를 위해 쓰일 때만 정당화될 수 있었습니다.

'교회를 위한 섬김'은 모든 곳, 모든 상황에 적용될 수 있었습니다. 만족의 침입과 이에 따른 정치의 혼란 가운데 제국의 행정을 담당하던 이들, 토지를 소유한 귀족들은 어떻게 자신들의 권위와 권력을 유지할지 고심했습니다. 배타적이면서도 보편적인 유일신 관념을 받아들이는 것은 그들이 지역에서 실질적인 권력을 확보할 수 있는 좋은 방법이었습니다. 그들은 이 관념을 받아들이고 자신이 맡은 지역에서 하느님의 뜻을 대리하는 이라는 자의식을 발전시켰습니다. 지역에서 우주의 보편적인 질서를 재현하면, 일종의 소우주로 만들면 하느님께서 기뻐하실 거라 믿었지요. 그 결과 로마 질서의 핵심 대변자라고는 보기 어려운, 비교적 낮은 지위에 있는 이들도 이교 신전, 제단을 파괴하고 열고 집회를 중지시킴으로써 일종의 가부장적 권위를 과시할 수 있었습니다. 한 분 하느님에 대한 적극적이며 위대한 봉사라는 거창한 명분을 내세워서 말이지요. 그들은 소유하던 땅에 교회를 세우고, 지역 성직자들에게 기부하고, 지역의 과격파를 지원해 이교 제단 및 성지를 파괴했습니다. 그런 식으로 지주 가문들의 지원을 업고 활동하던 인물 중에는 갈리아의 성 마르티누스Saint Martin in Gaul*도 있습니다. 이렇게 함으로써 그리스도교 평신도들(눈에 띌 정도로 교회에 충성을 바치는 '교회의 자녀들'filii ecclesiae)은 각자의 도시와 지역에서 더 중요한 위치를 차지했습니다. 불확실성이 커지던 시기, 그리스도교를 받아들인 상류층은 이렇게 자신들의 재산과 토지에 대한 통제력을 유지했습니다. 이 시기에는 제국 전체의 안위보다는 자신의 지역과 토지의 연결망이라는 제한된 영역 안에서 현장을 관리하고 적극적으로 행동하는 것이 부와 권력을 유지하는 현명한 방법이었습니다.

아우구스티누스, 특히 그가 397년에서 404년 사이에 카르타고에서 설교했던 내용을 살펴보면 이러한 분위기의 변화가 후대에 어떤 역할을 했는지 알 수 있습니다. 이 시기는 황제가 카르타고 시와 아프리카 전역에 있는 모든 이교 신전을 폐쇄하라는 명령을 내려 큰 파장이 일던 때였습니다. 로버트 마커스는 『고대 그리스도교의 종말』에서 아우구스티누스가 한 설교들의 중요성을 분명하게 지적했습니다. 마침 이 시대의 분위기를 다시 엿볼 수 있게 하는 한 놀라운 발견도 있었지요. 바로 프랑수아 돌보 François Dolbeau[+]가 이 시기 아우구스티누스가 남긴 긴 설교들을 옮긴 필사본을 마인츠 공립 도서관에서 찾아낸 것입니다. 난해하고 매력 없는 후기 고딕 서체로 쓰인 까닭인지, 수백 년 동안 문헌학자들의 관심을 끌지 못한 채 남아 있던 것이었습니다. 지금까지 콘스탄티누스 시대부터 아우구스티누스 이전까지의 역사를 살펴봤으니, 이제 아우구스티누스가 이 역사의 흐름 가운데 어떤 중요한 변화를 가져왔는지 설명하면서 논의를 마무리하겠

습니다.[44]

같은 시기 이집트에 살던 셰누테처럼 아우구스티누스는 열정적으로 우주, '문두스'의 모든 층위를 관통하는 유일신론을 제시했습니다. 그는 언제나 함께하시는 유일한 하느님을 향해 우리의 마음은 이렇게 외친다고 이야기했습니다.

> 당신은 나의 구원이십니다.

또 그는 물었습니다.

> 하느님께서 영원한 것들을 주실 수 있다면, 어찌 일시적인 것을 주시지 않으시겠습니까?[45]

이렇게 그는 하느님의 영향력이 영적 영역을 넘어 세상의 모든 영역으로 확장되어야 한다고 주장했습니다. 아우구스티누스에게 카르타고는 전체가 하나의 교회였습니다. 그는 교회의 거룩함은 이교 예식으로 인한 오염을 피하는 것에 달려 있다는 도나

---

[44] Robert Markus, *The End of Ancient Christianity*, 107~123. François Dolbeau, 'Nouveaux sermons de S. Augustin sur la conversion des païens et des donatistes (II)', *Revue des Études Augustiniennes* 37 (1991), 37~78. François Dolbeau, 'Nouveaux sermons (IV)', *Recherches Augustiniennes* 26 (1992), 69~141.

[45] 아우구스티누스, 「시편 상해」, 93, 7.

투스파의 주장을 단호하게 거부함으로써 중요한 전환점을 만들었습니다. 그렇게 함으로써 그는 준엄한 가톨릭 도덕주의 파도가 도시 전체로 확산되는 것을 막고 있던 방파제를 무너뜨렸습니다. 이제 도시의 어떤 일도 가톨릭 교회의 영향력 밖에 있다고 주장할 수 없게 되었습니다. 파도는 단순히 혐오스러운 희생 제사 같은 이교의 관행만 파괴하지 않았습니다. 카르타고의 세속 행사 전반을 집어삼켰습니다.

카르타고는 자부심 가득한 도시였습니다. 이교도와 그리스도교인을 막론하고, 카르타고 거주민들은 도시와 우주('문두스')를 연결하는 예식을 통해 세상('사이쿨룸')의 안녕을 기원하곤 했습니다. 특히 로마의 곡창지대를 대표하는 도시에 걸맞게 과일을 한 가득 담은 광주리를 안고 있는, 위엄 있는 수호신('게니우스'genius) 상을 중심으로 예식을 거행했지요.[46]

아우구스티누스는 더는 이 전통 예식을 좌시할 생각이 없었습니다. 그가 보기에 그리스도교인들에게 부적절한 행동은 향 연기로 자욱한 제단 곁에서 이교 예식에 참여하는 것만이 아니었습니다. 아우구스티누스는 시민 생활과 관련된 노래와 춤, 연회 모두를 비난했으며 이런 행사들의 공적 성격을 부정하고 이 행사들에 스며들어 있던 종교적 의미를 가차 없이 탈신비화했습니다. 이전에는 사회 차원에서 중요한 기능을 했던 의식들을 아

---

[46] 아우구스티누스, 「설교」, 62.2.10. 또한, 다음을 보라. Frank M. Clover, 'Felix Karthago', *Tradition and Innovation in Late Antiquity*, 129~162.

우구스티누스는 단순히 도덕의 관점에서, 방탕한 자리들로 묘사했습니다.[47]

그리스도교의 품행 기준, 올바름decorum의 기준이 새롭게 제시되었습니다. 아우구스티누스는 심지어 신들의 이름으로 요일을 부르는 일상의 관행조차 부적합하다고, 교회의 관행('에클레시아스티쿠스 리투스'ecclesiasticus ritus)을 따라 제1 요일('프리마 페리아'prima feria), 제2 요일('세쿤다 페리아'secunda feria) 등으로 부르는 것이 더 낫다고 이야기했습니다.[48] 참고로 여전히 이런 관행을 따르는 가톨릭 서방 국가가 바로 포르투갈인데, 이런 높은 기준을 따른다면 포르투갈만 완전히 그리스도교화된 국가라고 보아야 할 것입니다.

아우구스티누스가 보기에 사람들은 이교 제단 근처에 얼씬조차 하지 않더라도 수많은 방식으로 악한 권세들을 숭배할 수 있었습니다. 404년, 성당 밖에서는 연례 새해맞이 행사가 열려 도시 전체가 들썩일 때, 아우구스티누스는 성당 안에서 (카르타고에서 했던 설교 중 가장 긴) 2시간 15분에 달하는 긴 설교를 통해 축제를 강하게 비판했습니다. 그가 문제 삼은 것 중 상당수는 이전 세대 그리스도교인들은 무해하다고 판단한 것이었습니다. 밖에서 벌어지는 잘못된 일들을 나열한 뒤 아우구스티누스는 이렇게 설교를 마무리했습니다.

---

[47] 아우구스티누스, 「설교」, 198.3.
[48] 아우구스티누스, 「시편 상해」, 93, 3.

이런 일들을 하는 사람들은 '마치' 마음 깊은 곳에서 악마에게 분향하는 것과 같습니다.[49]

바로 이 시기, 습관이 삶에 미치는 영향을 냉철하게 분석했던 아우구스티누스는, 이후 서구에 '그리스도교화'로 자리 잡은 그림에 어둡고도 깊은 음영을 더했습니다. 그는 아프리카의 동료 주교들을 대변해 야심 찬 개혁을 밀어붙였을 뿐만 아니라 이 개혁이 완전한 성공을 거두지 못했을 경우를 대비해 설득력 있는 설명을 마련하기도 했습니다. 그렇게 함으로써 아우구스티누스는 우리가 지금 이해하고 있는 그리스도교화라는 개념이 확립되는 데 결정적인 기여를 했습니다.

5세기 초, 일부 그리스도교 비평가들은 자신들이 속한 시대를 새롭게 해석해 이전과는 다른 그림을 제시했습니다. 그들이 그린 서사는 어두웠으며 앞에서 언급한 (그리스도교의 다른 흐름에서 널리 유포되던) '옛 신들에 대한 초자연적 승리'라는 낙관적인 서사와는 분명한 대조를 이루었습니다. 같은 맥락에서, 라틴 그리스도교 금욕주의자들을 중심으로 "교회의 쇠락"decline of the Church이라는 관념이 힘을 얻기 시작했습니다. 물론 이런 생각 자체는 오래전부터 있었으며 오리게네스Origen[+]나 크리소스토모스Chrysostom[+]와 같은 그리스도교 설교자들 역시 신자들이 초

---

[49] 아우구스티누스, 「설교」, 198.3. 이 단락 전체의 맥락은 François Dolbeau, 'Nouveaux sermons (IV)', 92을 보라.

기 교회의 높은 기준에 미치지 못한다고 구짖기 위해 유사한 관념을 사용한 적이 있습니다. 그러나 이제 "교회의 쇠락"은 전체 그리스도교가 현재 처한 상황을 설명하는 핵심 표현이 되었습니다. 이 새로운 이해에 따르면, 이제 교회를 위협하는 것은 악마나 이단이 아니었습니다. 쇠락은 그보다 훨씬 더 평범하면서, 훨씬 더 극복하기 힘든 이유로 일어났습니다. 바로 교회의 성공 자체가 초기 그리스도교 공동체들이 지녔던 열정을 "식혀" 버린 것입니다.[50] 심지어 그리스도교 예배조차 급격히 늘어난 신자들로 인해 '오염'되었다는 생각이 싹텄습니다. 자칭 "더 엄격한 그리스도교인"districtiores christiani 집단은 이전부터 못마땅하게 여기던 관행들을 최근 이교에서 그리스도교로 옮긴 이들 탓으로 돌리기 시작했습니다.[51] 이들은 교회가 옛 신들을 물리쳤을지는 몰라도, 교회의 구성원들 '내부'에 여전히 뿌리 깊게 남아 있는, 그리스도교 이전의 과거로부터 온 종교 습관이라는 거대한 힘은 제압하지 못했다고 여겼습니다.

392년, 히포의 사제로 있던 아우구스티누스는 아직 구습에 머물러 있던 한 무리의 가톨릭 신자 대표단을 맞이했습니다. 이들은 자신들이 오랜 기간 지켜온 화려한 장례 예절과 순교자를

---

[50] 요한 카시아누스, 「담화집」, 18.5.23. 『담화집(제14~24담화)』(분도출판사). 술피키우스 세베루스, 「연대기」, 11:32. 히에로니무스, 「말쿠스의 생애」, I. 펠루시움의 이시도루스, 「서간집」, 11,54 및 246. 또한, 다음을 참조하라. Robert Markus, *The End of Ancient Christianity*, 166~7.

[51] Germain Morin, *Consultationes Consultationes Zacchae et Apollonii*, 1,28.

기리며 축제를 열던 관행을 완전한 그리스도교 전통으로 여기고 있었지요. 그러자 아우구스티누스는 그들에게 무엇이 문제인지 역사를 들어 설명했습니다. 콘스탄티누스가 개종한 뒤, "수많은 이교도 무리"가 교회에 들어오기를 원했다고, 그러나 "우상 숭배 축제 때 하던 폭식과 과음"의 습관을 버리지 못했다고 말입니다.[52] 안타깝게도 마음 약한 (혹은 기회주의자라고도 할 수 있는) 성직자들이 그들을 그리스도교인으로 받아주었고 그 결과 그러한 관행이 교회에 자리 잡았다고, 그래서 자신은 이를 철폐하기로 결정했다고 그는 말했습니다.

아우구스티누스의 이 설명은 이후 누구나 당연히 받아들이는 상식이 되었습니다. 오늘날 우리는 아우구스티누스를 포함한 사람들이 느꼈을 절박함이나 문제의식은 잘 감지하지 못한 채, 아우구스티누스의 진단만을 당연한 사실처럼 받아들이곤 합니다. 그러나 실제 상황은 아우구스티누스의 진단처럼 그렇게 분명하지 않습니다. 어떤 면에서 그가 실제로 한 일, 핵심적인 일은 단순히 교회의 관행을 바꾼 것이 아니었습니다. 그가 한 일은 권위와 관련이 있습니다. 위와 같은 주장을 함으로써 아우구스티누스와 그의 동료 성직자들은 무엇이 이교이며 그 영향이 교회 생활 어디에 남아 있는지를 판단할 권위, 권한을 자신들에게 돌렸습니다.

---

[52] 아우구스티누스, 「서간집」, 29.8~9.

이러한 주장은 미묘하게 이교를 "역사화"historicisation하고 심지어는 "세속화"aicisation하는 것이라 할 수 있습니다. 이로써 이교의 종말은 초자연적인 사건이 아니라, 일반적인 시간에서 일어나는 일이 되었습니다. 아우구스티누스 및 그와 비슷한 도덕주의자들은 다른 나쁜 습관들을 대할 때 그러하듯, 이교를 극복하기 위해서는 느리고 불규칙적인 치유 과정이 필요하다고 여겼습니다. 그리스도가 악마의 왕국을 초자연적으로 이겼다는 전통적인 사고는 남았지만, 여기에 새로운 이해가 더해졌습니다. 이제 이교 숭배 자체는 전적으로 초자연적인 악에 대한 숭배가 아니었습니다. 이 관점에서 악은 더 넓고, 불분명하게 이 세계 전반에 영향을 미칩니다. 희생 제사뿐 아니라, 오랜 기간 고대인들의 일상 모든 영역에 자리한 습관과 관행에도 스며들어 있다고 아우구스티누스와 같은 이들은 보았습니다. 이러한 맥락에서 공식적인 이교 숭배는 금지할 수 있을지 몰라도 이교의 과거는 살아 있었습니다. 새로운 신자들은 자신도 모르게 이러한 과거의 그림자, 옛 삶의 방식을 교회로 가져오고 있었습니다. 이제 모든 참된 신자에게 남은 마지막 적, "만악의 어머니"mother of all evils는 "고대"('안티퀴타스'antiquitas) 그 자체였습니다.[53]

이런 관점에서 그리스도교 신자를 묘사하는 방식도 바뀌었습니다. 그리스도교인은 더는 죄와 구원 사이에 선 존재, 우상에

---

[53] *Sermo de salzationibus respuendis, Patrologia Latina, Supplementum* 4,974.

의한 오염과 그리스도가 지닌 생명의 권능을 통한 해방 사이에 있는 존재 같은 초자연적인 언어로 묘사되지 않았습니다. 이제 그리스도교인은 두 문화, 더 나아가 두 시대 사이에 놓인 존재였습니다. 한편에는 고유한 신학과 예배 문화를 지닌 가톨릭 교회가 있으며, 맞은 편에는 거짓된 신들이 지배하던 과거에 뿌리를 둔 세속 세계가 있었지요. 이처럼 장엄하면서도 어두운 과거의 기억은, 아우구스티누스가 「신국론」City of God에서 남긴 생생한 언어를 통해 이후 모든 라틴어 독자의 마음에 오래도록 살아남았습니다.

물론 이는 아우구스티누스만의 관점이 아니라 이 시기 라틴어권 저자들에게서 주로 발견되는 특징이라고도 할 수 있습니다. 그러나 보편적인 관점은 아니었습니다. 이 장을 시작하며 언급한 4세기의 모습, 이를 이해하는 틀을 제시한 그리스도교 역사가들은 대체로 카이사리아의 에우세비오스Eusebius of Caesarea⁺로 이어지는 역사 서술 전통을 따랐는데, 이는 아우구스티누스와는 매우 다른 관점이었지요. 역사가이자 호교론자인 키로스의 테오도레토스Theodoret of Cyrrhus⁺와 같은 5세기 그리스 작가 역시 아우구스티누스와는 달리 "거대한 변혁"μεταβολή을 강조했습니다.[54]

---

[54] 예를 들어 다음을 들 수 있다. 키로스의 테오도레토스, 「이교인이 전염시킨 병에 대한 치료」, X.80. Theodoretus of Cyrrhus, *Thérapeutique des maladies helléniques, Sources Chrétiennes* 57 (Paris: Cerf, 1958), 385(제8권 68장). Christian Gnilka, *Chrēsis: die Methode der Kirchenväter im Umgang mit der antiken Kultur* (Basel and Stuttgart: Schwabe, 1984), 134~140.

이러한 관점을 택한 이들은 '그리스도교가 없던 과거'가 '승리를 거둔 그리스도교가 있는 현재'로 변혁된 일을 축하했습니다. 과거와 단절하기보다는, 과거를 끌어안으며 완전한 승리를 선언했지요.

동방에서 로마의 과거는 현재에 별다른 문제가 되지 않았습니다. 당시 에페소스의 시의회('프뤼타네이온'πρυτανεῖον) 앞에는 여전히 리비아와 아우구스투스의 조각상이 있었습니다. 이마에 단정히 성호경을 새긴 두 조각상은 아우구스투스 황제의 적법한 계승자, 테오드시우스 2세가 개최한 431년 대공의회에 참석하기 위해 모인 주교들을 잔잔한 눈길로 내려다보고 있었습니다.[55]

그러나 제국 서방에서는 오늘날 우리에게 익숙한 그리스도교화의 기본 서사가 형성되고 있었습니다. 그리고 앞에서도 이야기했듯 이 서사는 당시 대다수 사람의 현실 인식과는 달랐습니다. 이는 우리와 후기 로마인들 사이의 거리를 보여 주지요. 4~5세기 다수의 그리스도교인에게 그리스도교화는 곧 이교 신들에 대한 그리스도의 초자연적인 승리를 의미했습니다. 오늘날 역사가들에게는 같은 시대를 살았던, 저 서사를 비판적으로 보았던 이들이 제시한 대안 서사가 더 현실적인 이야기처럼 보일 것입니다. 그리스도교화란 고대 세계의 뿌리 깊은 전통과 싸운, 느

---

[55] Øystein Hjort, 'Augustus Christianus – Livia Christiana: Sphragis and Roman Portrait Sculpture', *Aspects of Late Antiquity and Early Byzantium* (Stockholm: Swedish Institute in Istanbul, 1993), 99~112.

리면서도 영웅적인 투쟁이었다고 말이지요. 하지만 이러한 관점 역시 상당 부분 아우구스티누스 세대의 저술이 만들어 낸 서사입니다.

그 결과, '이교' 로마에 대한 기억은 오늘날에도 서구인의 상상 속에 '응축된 역사'로 남아 있습니다. '그리스도교가 지배하는 현재'를 끈질기게 뒤따르는 고대 '이교의 과거', 이 '안티퀴타스'는 중세 그리스도교의 매혹적인 동반자였습니다. 사람들은 이 과거를 아담의 죄 아래 살아가는 인간 실존을 상징하는 은유로 여겼습니다. 결국, 로마 세계의 그리스도교화는 여전히 커다란 과제로 남아 있습니다. 역사가들은 5세기부터 서유럽에 전해진 친숙한 이야기, 그 표면을 넘어, 우리가 살아가는 세계와는 전혀 다른 구조를 지닌 세계의 윤곽을 읽어내기 위해 끊임없이 분투해야 합니다.

제2장

불관용의 한계

　조카와 함께 신시내티 동물원을 간 뒤로 저는 로마 제국 후기의 불관용이라는 문제를 다시 생각하게 되었습니다. 세 살이었던 조카는 동물원에 가기 전에도 동물들이 어떻게 생겼는지 알고 있었습니다. 코끼리, 기린, 사자, 바다코끼리 그림을 본 적이 있기 때문이지요. 하지만 실제로 본 유일한 동물은 애완 고양이 테디였을 뿐입니다. 당연히 조카는 모든 동물이 고양이만 할 것이라고, 다시 말해 자기보다 몸집이 작을 것이라고 추측했습니다. 자기보다 작은 무수한 동물을 접할 생각을 하니 기분이 상당히 좋았겠지요. 하지만 정작 동물원에서 마주친 동물들은 몸집도 천차만별이었고, 당연하지만 어떤 동물은 자기보다 훨씬 더

컸습니다. 먹이를 뜯고 있는 두 마리 벵골 호랑이를 보자 조카는 깜짝 놀라 외쳤습니다. "엄청, 엄청 큰 고양이!" 그 뒤 조카는 20분 동안 말을 잇지 못했습니다. 조류관에 들어가 자기보다 훨씬 작은 새들을 보고 나서야 비로소 상처 입은 자존심을 회복할 수 있었지요.

'다른 종교, 혹은 신앙에 대한 불관용'은 고대 후기 역사에 도드라지게 나타난 현상입니다. 그 시대 전체의 특성이라고 규정할 수 있을 만큼 강한 인상을 남기지요. 하지만 그 본질과 범위, 영향을 정확히 평가하려는 역사가는 마치 제 조카가 그랬듯 당혹스러운 경험을 하기 마련입니다. 분명, 역사가 앞에는 생생하고 뚜렷해 보이는 증거 조각들이 있습니다. 하지만 문제는 이 조각들이 가리키는 현상이 실제로 얼마나 컸냐는 것, 그 크기를 어떻게 가늠할 수 있느냐는 것입니다. 널리 알려진, 콘스탄티누스 이후 로마 제국의 불관용은 과연 후기 로마 사회 전체에 얼마나 퍼져 있었던 것일까요? 고양이 정도의 크기였을까요? 아니면 코끼리 정도로 거대하고 압도적이었을까요? 당시 사람들의 생각, 행동에 저 불관용의 크기를 가늠할 수 있게 해줄 다른 동물들은 없었을까요?

한 가지는 분명합니다. 저 시대에 '관용'toleration이라는 개념은 코끼리만큼의 무게감은 지니고 있지 않았습니다. 1983년 '박해와 관용'Persecution and Toleration이라는 주제로 열린 교회사학회 학술대회 논문집 서론을 쓴 제프리 엘턴 경Sir Geoffrey Elton은 주저하지 않고 이렇게 말했습니다.

> 강력한 조직을 갖추고 현장을 장악한 종교는 다른 종교, 다른 신앙에 대한 박해를 당연시한다. 이때 관용은 나약함, 심지어는 자신들이 숭배하는 신에 대한 불경으로 보인다. 관용을 요구하는 쪽은 박해받는 이들이다. 그러나 그들도 처지가 바뀌어 힘을 얻으면 이내 박해자가 되는 경우가 너무나 많다. 수천 년에 이르는 종교사, 특히 교회사는 이와 같은 박해와 관용이 거칠게 교차하는 이야기로 요약할 수 있다고 해도 과언은 아니다. 냉소주의에서 나오는 말이 아니다. 냉정한 현실이다.[1]

논문집의 첫 번째 글인 피터 간지Peter Garnsey의 「고전 고대의 종교적 관용」Religious Toleration in Classical Antiquity 역시 이 암울한 관점을 반복합니다.[2]

> 관용을 단순한 무관심이 아니라 "다른 이들의 입장을 반대하거나 못마땅하게 여기면서도 어떤 도덕 윤리, 정치 원칙에 입각해 그들을 억압하지 않기로 하는 태도"로 정의한다면, 고대 사회에 그런 관용은 존재하지 않았다.

---

[1] Geoffrey R. Elton, 'Introduction', *Persecution and Toleration*, *Studies in Church History* 21 (Oxford: Blackwell, 1984), xiii.

[2] Peter Garnsey 'Religious Toleration in Classical Antiquity', 위의 책, 1~27.

이어서 간지는 "흔히 회자되는 이분법, 관용적인 고대 다신교와 배타적인 그리스도교를 대조하는 것"은 그리스·로마 종교에 대한 잘못된 이해에 바탕을 두고 있다고 지적했습니다.[3] 그에 따르면, 아테네에서 "시민은 자신의 개성을 발휘하기보다는 공동체의 법과 관습을 준수해야 한다는 압박을 받았"습니다.[4] 그리고 훨씬 더 복잡했던 제정 로마 사회에서는 "현명하고 유익한 방치 a wise and salutary neglect, 즉 적당한 무관심에 입각한 통치"가 지배적인 규범이었던 것으로 보입니다.

> 로마의 통치자들은 제국을 구성하는 민족이 서로 다르다는 점을 인식했고, 그들을 통제하는 데는 한계가 있으며, 지역민의 감정을 자극하는 건 지혜롭지 않다는 사실을 암묵적으로 알고 있었다.[5]

그리스도교와 관련해서는 테르툴리아누스Tertullian[+]의 탁월한 호소를 제외하면, "관용에 대한 그리스도교의 진지한 고민은 박해가 종식되고 교회가 번영하면서 사실상 자취를 감췄다"고 간지는 평가합니다.[6]

---

[3] 위의 책, 1.
[4] 위의 책, 6.
[5] 위의 책, 12.
[6] 위의 책, 16.

프랑수아 파슈François Paschoud 역시 고대 세계에서의 관용의 한계에 대한 간지의 진단에 동의했습니다. 1990년 그는 학술지 『역사 속 그리스도교』Cristianesimo nella Storia에 「이교도에 대한 그리스도교의 불관용」L'intolleranza cristiana nei confronti dei pagani이라는 논문을 기고한 바 있습니다. 파슈는 특유의 명료한 문체로 4세기 이교도들이 처해 있던 상황을 이렇게 요약했습니다.

> 그들은 그리스도교인들만큼이나 융통성이 부족했다.[7] 두 집단의 상호 이해는 불가능했으며 상대를 향한 완고한 기대만 있었다. '귀머거리들의 대화'un décevant dialogue des sourds였던 것이다. 전통 종교 예식은 황제와 고관대작이 국가의 비용으로 거행해야 마땅하다고 이교도들은 생각했다.

하지만 콘스탄티누스 이후 그리스도교 황제들은 이를 결코 받아들일 수 없었습니다. 파국은 시간문제였습니다.

> 강경 대응은 논리적이었고, 예측 가능했고, 불가피했다. 그리스도교인은 복음을 전해야 했다. 선교는 선택이 아닌 의무였다.[8]

---

[7] François Paschoud, 'L'intolérance chrétienne vue et jugée par les païens', *Cristianesimo nella Storia* 11 (Bologna: Società Editrice il Mulino, 1990), 545~577.

[8] 의의 책, 549 및 554.

이러한 관점에서 바라보면, 4세기는 "휘청대는 세기"가 아니라 얼어붙은 세기, 폭탄이 떨어지기만을 기다리는, 말 그대로 폭풍 전야에 가깝습니다. 이 맥락에서는 암브로시우스와 테오도시우스 1세가 한 일은 312년 콘스탄티누스가 개종함으로써 가능해진 일을, 345년 피르미쿠스 마테르누스Firmicus Maternus가 콘스탄티누스의 후계자들을 향해 강력하게 촉구했던 바를 실행에 옮긴 것에 불과하겠지요. 이런 관점으로 보면 뒤에 일어난 일들은 완전히 논리적으로 연결됩니다. 익숙한 연대와 법령, 이름만 들어도 알 만한 인물들(국가 차원의 불관용을 등골이 서늘해질 정도로 단호하게 옹호한 인물들)을 중심으로 구성된 매우 깔끔한 하나의 서사를 만들어 내지요. 하지만 이런 해석, 서사가 반드시 좋은 역사 서술은 아닙니다. 이러한 서사 구조는 암미아누스 마르켈리누스Ammianus Marcellinus나 로마 황제 열전Historiae Augustae의 저자들과 같은 개성 있는 작가들은 물론 요안네스 크리소스토모스John Chrysostom와 같은 제국 내 주요 도시의 그리스도교 설교자들이 보여 준 세계의 '가능성의 지평들'horizons of the possible, 즉 당시 사람들이 실제로 살았던 복잡하고 다양한 세계를 제대로 담아내지 못합니다.[9]

4세기 사람들에게는 파슈의 논문처럼 앞날을 명확하게 내다

---

[9] Robert Louis Wilken, *John Chrysostom and the Jews* (Berkeley: University of California Press, 1983), 32~33. John Matthews, *The Roman Empire of Ammianus* (London: Duckworth, 1989), 435~451.

보게 해주는 '벽의 경고문' 같은 것이 존재하지 않았습니다. 불확실하고 열려 있는 가능성 속에서 살아갔지요.

파슈가 4세기를 바라보는 관점은 앞 장에서 주목한 바 있는 그리스도교 승리 서사를 뒤집은 관점이라고 할 수 있습니다. 즉 그는 독특하게 굴절된 이교의 시각으로 그리스도교 서사를 바라봅니다. 앞에서 살펴보았듯 5세기 초 그리스도교 역사가들은 그리스도교 제국의 수립을 오래전부터 천상에서 계획해 둔 일처럼 묘사하곤 했습니다. 그들에 따르면 바로 이 계획을 따라 콘스탄티누스는 이교 숭배를 철폐하기 시작했습니다. 이후 교회 내에서 아리우스 논쟁이 일어났고, 배교자 율리아누스Julian the Apostate*의 3년 치세라는 먹구름이 있기는 했지만, 전체 흐름을 막지는 못했습니다. 예정된 이교의 몰락은 테오드시우스 1세 치세 때 이루어졌습니다.

> 콘스탄티누스 1세의 주도 아래 사람들은 우상 숭배를 멀리했고, 우상을 파괴하기 시작했으며 테오도시우스 황제 시절에 이르러 완전히 사라졌다.[10]

4세기를 바라보는 파슈의 관점은 주로 이교 역사가 조시모스Zosimus의 「새로 쓴 역사」New History에 근거를 두고 있다는 점을 유

---

[10] 루피누스, 「교회사」Ecclesiastica, 2.19, *Patrologia Latina* 21.526B.

념해야 합니다. 이는 404년 사르디스의 에우나피오스Eunapius of Sardis가 쓴 「역사」History를 바탕으로 6세기 초에 새롭게 쓴 책이었지요. 조시모스는 그리스도교의 승리 서사를 뒤집었습니다. 에우나피오스는 어렴풋이, (그에게 바탕을 두고 글을 쓴) 조시모스는 분명하게 로마 제국의 수립과 함께 시작된 단일 황제 체제, 제국의 통일된 통치를 해로운 유산damnosa haereditas으로 평가했지요. 그런 통치 구조는 언젠가 반드시 로마의 전통 종교 질서를 불경하고 무능한 폭군들의 손에 넘길 수밖에 없다고, 단지 시간문제일 뿐이라고 이들은 진단했습니다. 콘스탄티누스는 로마 종교의식을 유기했습니다. 테오도시우스 1세는 국가의 비용을 들여 전통 예식 치르기를 거부했습니다. 제국이 더는 생존을 위해 신에게 희생 제사를 드리지 않자 서방 제국은 멸망했습니다. 조시모스의 눈에 이 모든 일은 너무나도 당연한 귀결이었습니다.[11]

승리감에 도취해 있든 절망감에 체념해 있든, 이런 식으로 생각하는 건 그리 어려운 일이 아니었습니다. 황제가 중심이 된 사

---

[11] 조시모스, 「새로 쓴 역사」, 4.59. 또한, 다음을 보라. Walter Goffart, 'Zosimus, the First Historian of Rome's Fall', *American Historical Review* 76 (Oxford: Oxford University Press, 1971), 412~441. Walter Goffart, *Rome's Fall and After* (London: Hambledon Press, 1989), 81~110. Kenneth H. Sacks, 'The Meaning of Eunapius' History', *History and Theory* 25 (Oxford: Wiley-Blackwell, 1986), 52~67. Heinrich Speck, 'Wie dumm darf Zosimos sein? Vorschläge zu seiner Neubewertung', *Byzantinoslavica* 52 (Prague: Slovanský ústav, 1991), 1~14. Garth Fowden, 'The Last Days of Constantine: Oppositional Versions and Their Influence', *Journal of Roman Studies* 84 (Cambridge: Cambridge University Press, 1994).

회에서는, 콘스탄티노폴리스와 같은 대제국의 수도에서는 특히나 그랬습니다. 심지어 436~438년 「테오도시우스 법전」Theodosian Code을 편찬한 법률 위원회도 의도하지는 않았지만, 결과적으로 4세기를 바라보는 그리스도교 중심의 '공식 서사'가 형성되는 데 큰 영향을 미쳤습니다. 이단, 유대인, 이교도에 관한 법령을 집대성한 법전 제16권은 나머지 책들과 마찬가지로 연대순으로 정리되어 있는데, 그 시작은 언제나 콘스탄티누스였습니다. 이런 단순한 배열 방식만으로도 편찬자들은 법령들이 마치 선율이 고조되는 것처럼, 어떤 흐름이 테오도시우스 2세 치하에서 절정에 이르는 것으로 읽힐 수 있게 했습니다. 모든 법을 새로운 그리스도교 질서로 나아가는 과정으로 묘사한 것이지요. 테오도시우스의 두 번째 「신규 법령」Novella('테오도시우스 법전 편찬 이후에 추가된 법령)에 담긴 표현처럼, "교회의 한없는 영광"을 옹호하기 위해 "수천 가지 법률의 강제력"이 동원되었습니다.[12]

분명 4세기 그리스도교화는 진행 중이었습니다. 그러나 그 방향과 속도가 당대 사람들에게 분명하게, 피할 수 없는 흐름으

---

[12] *Novella Theodosii* II, 3.10. Michele Renee Salzman, 'The Evidence for the Conversion of the Roman Empire', *Historia* 42 (Stuttgart: Franz Steiner Verlag, 1993), 362~378. David Hunt, 'Christianising the Roman Empire: The Evidence of the Code', *The Theodosian Code* (London: Duckworth, 1993), 143~158. Scott Bradbury, 'Constantine and the Problem of Anti-Pagan Legislation in the Fourth Century', *Classical Philology* 89 (Chicago: University of Chicago Press, 1994), 120~139. 다음의 연구는 특히 중요하다. Marie Theres Fögen, *Die Enteignung der Wahrsager* (Frankfurt am Main: Suhrkamp, 1993).

로 다가갔는지는 미지수지요. 그 시대를 살아간 유대인들과 이교도들은 그 변화의 와중에서 전혀 다른 미래를 기대하거나, 상황이 달라지기를 바라고 있었을지도 모릅니다. 결국 쟁점은, 우리가 그런 4세기의 실제 '속도'와 그 속에서 생겨난 이들의 '기대'를 얼마나 섬세하게 이해할 수 있느냐는 것입니다.

과거를 돌아보며 그리스도교인들은 승리의 확신을, 이교도들은 좌절 섞인 환멸을 공유했습니다. 그리고 이런 회고에 기댄 확신은 실제 그 시대의 모습에 대한 우리의 인상을 왜곡할 수 있습니다. 물론 간지와 파슈가 이야기한 요점은 유효합니다. 저 시대에 엄밀한 의미의 관용은 없었습니다. 하지만 이 개념을 성급하게 무시하기 전에, 조금 더 자세히 살펴볼 부분이 있습니다. 바로 당시 권력자들의 행동을 제한하는 데 관용은 그리 효과적인 방법이 아니었다는 것입니다. 이는 단지 황제나 주교와 같은 권위 있는 인물들이 편협한 사고를 하며, 종교적인 신념이 강하고 독단적인 기질을 타고났기 때문만은 아닙니다. 문제는 관용이라는 개념 그 자체에 있습니다. 이 개념은 고전 세계의 지적 생태계 한 귀퉁이, 좁은 틈새에 갇혀 있었습니다. 몇몇 철학 학파에서 논의하기는 했지만, 그 경계를 넘어 평범한 세상에서 쓰이는 일은 거의 없었습니다.

고전 시대 후기 사회에서 철학자들은 사람들의 존경과 조롱을 동시에 받았습니다. 과도할 정도로 개인주의에 입각한 삶을 살았기 때문이지요. 높은 지위와 세련된 문화를 누리던 인물조차 철학에 한 번 심취하면 의식적으로 권력을 멀리했습니다. 도시 공동체와 긍정의 직책을 거부했고, 이에 따라오는 명예와 재산 축적의 기회도 마다했습니다. 육류와 과식을 피했고, 아내의 품은 더 적극적으로 피했습니다. 그들이 피하려 한 건 성이 아닌 권력에 의한 타락이었습니다.[13] 철학자는 오직 자신의 자유로운 이성(로고스λόγος)만을 따랐습니다. 같은 계층 사람들이 무비판적으로 따르던 '노모스'νόμος, 전통 관습과 시민 예식이 부과하던 의무에서 벗어나 있었지요. 철학자가 종교적 선택을 했다면 합리적인 이유가 있어야 했고, 이를 설명할 수 있어야 했습니다. 명령이나 따위를 맹목적으로 따라서는 안 됐지요. 철학자 포르피리오스Porphyry of Tyre는 친구인 피르무스 카스트리키우스Firmus Castricius가 채식을 그만두었다는 소식을 듣자 이런 글을 써서 보냈습니다.

> 자네를 비난하는 일은 너무 촌스럽기도 하거니와 이성에 따른 설득 방법과도 거리가 멀게 보이네.

별다른 합리적 논증 없이, 단지 오래된 관습이라는 이유로 음식과 관련된 금기를 지키는 모습은 유대인이나 시리아인, 페니키

---

[13] Peter Brown, *The Body and the Society* (New York: Columbia University Press, 1988), 190. Peter Brown, *Power and Persuasion: Towards a Christian Empire* (Madison: University of Wisconsin Press, 1992), 62~63.

아인처럼 철학적이지 않은 사람들만 좋게 본다고 철학자들은 생각했습니다.[14]

무엇보다 철학자는 인간과 신의 관계란 본질에 해당하는 요소만 남긴 단순한 형태를 지향해야 한다고 생각했습니다. 그들은 이러한 관계가 강제가 아닌 자유로운 선택에서 비롯되었기에 더 친밀하고 진정성 있다고 여겼습니다. 이러한 이상은 '미신'superstitio에 대한 철학자들의 태도에서 뚜렷하게 엿볼 수 있습니다. 고대 세계에서 미신은 오늘날처럼 '존재하지 않는 대상이나 신으로 오인된 무언가에 대한 비합리적인 믿음'을 뜻하지 않았습니다. 에피쿠로스학파만 미신을 그런 식으로 해석했지요. 당시 대다수 철학자에게 미신은 근본적으로 신 앞에서 결례를 범하는 것이었습니다. 자유인이라면 누구에게나, 사람에게나 신에게나 편안함과 솔직함을 유지해야 한다고 철학자들은 생각했습니다. 이러한 관점에서 과도한 종교 예식은 아첨이나 과시에 지나지 않았고, 마법은 뇌물이나 조작이었으며 강요에 의한 믿음도 폭군이 공포를 통해 충성을 얻으려는 것과 같은 헛된 시도에 불과했습니다.[15]

이를 종교 행위에 대한 탁월한 모형이라고도 볼 수 있지만, 현실과는 거리가 먼 생명력 없는 이상으로 볼 수도 있습니다. 이

---

[14] 포르피리오스, 「육식의 억제」, 1.1 및 3.
[15] 테미스티오스, 「연설」, 5.67c, *Orationes quae supersunt* (Leipzig: Teubner, 1965), 99.

모형은 신과 인간의 관계를 개인과 개인의 관계와 동일시하며 진정성에 너무나 무게를 둔 나머지, 종교의 믿음을 형성하는 사회적, 지적 요인들을 의도적으로 외면하고 있기 때문이지요. 이 모형은 실제 고대인의 삶과 상상력에서 핵심을 이루던 전통의 권위와 도시 공동체에 대한 충성심이라는 요소들을 전혀 존중하지 않았습니다. 그리고 현실에서는 철학자들도 모든 경우에 이러한 극단적인 입장을 견지하지는 않았습니다. 그리스도교인들의 불경을 두고서 켈소스Celsus⁺와 포르피리오스는 오히려 전통 종교 관습, '노모스'를 강력하게 옹호했으며 필요하면 처벌도 불사해야 한다고 주장했습니다. 이들에게 그리스도교 순교자들에게 보일 동정심 따위는 없었습니다.[16]

물론 그들에게는 자신들의 입장을 뒷받침할 철학적 설명이 있었습니다. 헤라클레이토스Heraclitus가 자연이 지각없는 관찰자에게 자신을 감춤으로써 관찰자의 정신을 시험한다고 보았듯 철학자들은 신이 자신을 감춤으로써 더 큰 경외심과 동경을 끌어내려 한다고 보았습니다. 이러한 논변은 철학자 테미스티오스Themistius가 363년 황제 요비아누스Jovian에게 했던 다섯 번째 「연설」과 377년 황제 발렌스Valens에게 했던 연설에 등장합니다. 후자의 경우 소조메노스Sozomen⁺의 「교회사」Ecclesiastical History에 실려

---

[16] Carl Andresen, *Nomos und Logos* (Berlin: Walter de Gruyter, 1955). 에우세비오스의 「복음의 준비」, 1.2.1-4에 인용된 포르피리오스의 말. Klaus Strobel, *Das Imperium Romanum im 3. Jahrhurdert* (Stuttgart: Steiner, 1993), 328~340.

있지요. 여기에 따르면 테미스티오스는 황제에게 이렇게 조언했다고 합니다.

> 교회의 가르침으로 인해 일어나는 분열을 이상하게 여기지 마십시오. 이는 이교도들 사이에서 일어나는 대립보다 온건하고 빈도도 덜하기 때문입니다. ... 실로, 하느님께서는 쉽게 알려지기를 원하지 않으셨는지도 모릅니다. 다양한 견해가 존재함으로써 그분에 대해 정확히 알 수 없게 됨으로써 사람들은 오히려 그분을 더 두려워할 것이기 때문입니다. 그분의 위대함과 선함을 더 깊이 깨닫게 되는 것이지요.[17]

진리가 가장 중요한 가치이며, 그리고 어렵게 얻은 진리일수록 그 가치를 더 크게 깨달을 수 있다는 생각은 이교 플라톤주의자와 나지안조스의 그레고리오스Gregory of Nazianzus⁺와 같은 그리스도교 신학자 모두가 공유하고 있었습니다.[18] 우의 해석 방법론이 일으키는 동경의 심리도 같은 원리에 바탕을 두고 있었지요. 그리고 진리를 얻는 데 시간이 걸린다면, 그 여정에는 의심의 시

---

[17] 테미스티오스, 「연설」, 5.59a, *Orationes quae supersunt*, 101. 소조메노스, 「교회사」, 6.36.

[18] 나지안조스의 그레고리오스, 「연설」, 28.12, *Patrologia Graeca*, 26.40~1. Gilbert Dagron, 'L'empire romain de l'Orient au IV\ :sup:`e` siècle et les traditions politiques de l'héllénisme', *Travaux et Mémoires* 3 (Paris: Institut Français d'Études Byzantines, 1968), 171, 각주 128.

간도 포함될 수 있었고, 그렇다면 진리를 찾는 이들에게는 잠정적인 오류의 ∞지도 어느 정도 있어야 했습니다.

하지만 테미스티오스Themistius와 같이 철학을 업으로 삼던 사람 하나만 보아도 이런 주장에 언제나 진정성이 있었다고 보기는 힘들다는 점을 알게 됩니다. 그는 겉으로 권력을 거부하는 데는 도가 튼 인물이었습니다. 황제 곁에서 만찬을 할 때조차 철학자의 상징인 어두운색 겉옷, '트리보니온'τρίβωνιον을 두르곤 했지요. 공식적인 급료도 받지 않았습니다.[19] 하지만 테미스티오스가 등장하는 시점을 유심히 살펴보면 대부분 황제가 무언가를 철회하거나 인기 없는 일을 그만두려는 순간이었다는 사실을 알 수 있습니다. 피터 헤더Peter Heather가 『고트인과 로마인』Goths and Romans에서 설득력 있게 설명했듯 고트인을 두고 테미스티오스가 종교의 관용에 대해 이야기할 때를 보면 그 말의 진의를 엿볼 수 있습니다. 여기서 그는 어려운 과제를 마주하고 있었습니다. 황제 발렌스의 기를 살려주면서도 그가 실패했다는 사실을 받아들이게 해야 했지요. 369년, 햇볕이 내리쬐던 도나우강 한복판, 선상에서 고트 왕 아타나리크Athanaric는 자신과 자신이 이끌던 부족이 차별받는 일이 없어야 한다고 단호하게 천명했습니다. 이후 황제의 고트 원정 계획은 조용히 취소되었는데, 그때 테미스티오스가 군사력의 감축과 다문화주의의 이점에 관해

---

[19] Peter Brown, *Power and Persuasion*, 68~70.

현란한 웅변을 내놓았지요.[20] 363년, 황제 율리아누스가 세상을 떠난 직후, 보복의 기운과 불확실성이 팽배하던 시기 그가 다섯 번째 「연설」에서 관용을 이야기한 것도 마찬가지 맥락으로 보아야 합니다. 377년, 황제 발렌스와 유사본질파Homoian와의 동맹이 약해지던 시점에 했던 연설도 마찬가지지요.[21] 테미스티오스는 두 번 모두 연설을 통해 효과적으로 상황을 상쇄할 수 있었습니다. 바꾸어 말하면, 그는 원칙에 기반을 두기보다는 상황을 어떻게든 수습하려는 의도에서 연설을 했던 것입니다. 말 자체는 인상적일 수 있지만, 결국에는 실패의 흔적이자 은밀하지만 분명한 후퇴의 신호였습니다. 로마 제국은 추진력을 중시하는 문화였고, 지도층의 우유부단함이나 주저함을 불안을 일으킬 위험 요소로 간주했습니다. 그런 맥락에서 연설에 담긴 언어는 신중하긴 했지만 결국 영락없는 실패의 흔적이었습니다. 관용에 대한 그의 주장이 아무리 훌륭해 보여도, 추진력을 중시하고 지도층의 결단력 부족을 극도로 경계하던 제국의 입장에서는 그렇게 환영할 만한 논의가 아니었습니다.

철학자는 기본적으로 순응의 정서가 강한 상류층 세계에서

---

[20] 테미스티오스, 「연설」, 8, 113a-115d, *Orationes quae supersunt*, 170~3. Peter Heather, *Goths and Romans*, 332~489 (Oxford: Oxford University Press, 1991), 171, 각주 128.

[21] Rochelle Snee, 'Valens' Recall of the Nicene Exiles and Anti-Arian Propaganda', *Greek, Roman and Byzantine Studies* 26 (Durham, NC: Duke University Press, 1985), 395~419.

살아갔습니다. '순응'이라는 말에는 꼭 부정적인 의미만 있는 것은 아닙니다. 로마 제국 상류층 젊은이들은 어린 시절부터 옛 관습을 존중하고, 구성원들의 연대를 중시하며, 권력을 이해하고 사용하는 법을 배우며 사회화되었습니다. 그런 이들에게 철학자의 존재는 일종의 안전장치였습니다. 극도로 진지한 분위기의 계층에서 허용한, 합법적인 이단자였지요. 그러나 철학자의 사상은 상류층 인사들이 실제로 감당해야 했던 사회적 책임이나 권력 행사와는 거의 접점이 없었습니다. 지배 계급 구성원들이 관용을 베풀었다면, 그건 철학자들이 이야기한 관용의 원리를 받아들여서가 아니라 그와는 전혀 다른 전통을 따랐기 때문이었습니다.

고대 후기 세계에서의 관용과 불관용이라는 문제를 다룰 때 우리는 근대의 편애를 반영해 실상을 제대로 보지 못했는지 모릅니다. 특히 우리는 철학자들이나 철학자의 옷을 입은 그리스도교 호교론자들의 진술에 지나치게 큰 비중을 두었습니다. 하지만 이론과 연설만 따져서는 후기 로마 제국의 실상을 제대로 파악하기 어렵습니다. 당시 철학자들의 사상과 발언은 근본적으로 권위주의적이면서도 복잡한 지배 계급의 심성을 담은 육중한 자물쇠를 따기에 너무 연약한 도구입니다. 따라서 이 장의 나머지 부분에서는 그런 이론가들의 말보다는 훨씬 덜 명료하지만, 제국의 일상적인 관행들과 분명하게 연결된 요소들에 주목하려 합니다. 당대 이교 철학자, 그리스도교 신학자들이 남긴, 겉보기에는 명쾌하고 단호해 보이는 주장들보다는 현장에서 작동했던 '소리 없는 제약들'mute restraints이 다른 종교 및 신앙에 대한 불관용을 줄이고 제한했습니다. 이 암묵적인 제약들이야말로 후기 제국 사회의 실상을 보여 주는 가장 현실적인 척도라 할 수 있습니다.

간략하게나마 이렇게 제안합니다. 후기 로마 시기 전반에 걸쳐 서로 다른 신앙을 가진 사람들이 평화롭게 공존했음을 보여 주는 사례가 꽤 많이 남아 있다는 사실, 다른 종교, 신앙에 대한 불관용을 담은 법률이 제대로 시행되지 않았다는 사실은 그리스도교 이전 시대부터 축적되어 온, 전통에 따른 행동 규범과 통치 기법이라는 관점에서 볼 때 충분히 이해가 된다는 것입니다. 단순히 만든 법조차 제대로 시행하지 못하는 너그러운 제국 행정, 만성적인 구조 결함을 지적하는 것이 아닙니다. 오히려 종교의 격변기 가운데서도 여전히 힘을 발휘하던, 그리스도교 이전의 관행에서 비롯된 업무 처리 자세와 방식이 불관용의 적용을 늦추는 핵심 요인이었다는 것입니다. 후기 제국 지배 계급의 심성은 점성viscosity을 지니고 있었습니다. 끈적한 기름처럼 한 번에 움직이지 않았지요. 당시 문헌들에는 다른 종교와 신앙을 단호하게 배격하고 탄압해야 한다는 말들이 많이 나왔지만, 바로 이 점성 때문에 실제 탄압은 이루어지지 않거나 느리게 적용되었고 그 결과 저 말들은 후기 로마 사회의 다층적이고 복잡한 현실과는 들어맞지 않는 경우가 많습니다. 박물관에서 흔히 볼 수 있는, 로마 후기에 재작업한 고전 시대의 조각상들을 떠올려 봅시다. 머리카락을 단정하게 다듬고, 눈매는 둥글게, 성직자의 금욕을 가리키기라도 하듯 뺨 역시 매끄럽게 만들었지만, 율리우스-클라우디우스 황조 특유의 턱선만큼은 바뀌지 않았습니다. 우리가 주목해야 할 것은 바로 이 후기 로마 통치 계급의 '턱선', 곧 제국이라는 체제를 움직이는 기술, 매우 오래된 관행에 바탕을 둔 정치 감각입니다.

오래된 정치 관행이 다른 종교 및 신앙에 대한 불관용에 실질적으로 어떤 영향을 미쳤는지 사례를 하나 들어 살펴보겠습니다. 분명 후기 로마 제국은 전제 정치 성격이 짙었고, 이 시대를 다루는 역사 서술 대부분이 이를 부정적으로 평가합니다. 그러나 실제로 이 시기 제국의 통치는 지역 상류층의 광범위한 협조에 크게 의존했습니다. '데보티오'devotio, 즉 황제에 대한 충성과 복종은 무력만으로는 끌어낼 수 없었습니다. 설득을 통해 얻어야 했지요. 충성심이 식도록 내버려 두는 일도 용납되지 않았습니다. 충성심을 유도하는 과정에서, 상류층이 공유하던 행동 규범, 예의는 결코 사소한 요소가 아니었습니다. 이런 규범이 형성되고 작동하는 방식에 대한 가장 풍부한 자료는 제국의 그리스 속주들에서 발견되지만, 그 현상 자체는 제국 전역에서 관찰됩니다. 특히 주목해야 할 개념은 교육, '파이데이아'παιδεία입니다. 당시 사람들은 파이데이아, 곧 젊은이에게 탁월한 문학과 전통적인 예의범절을 가르치는 교육이 지배자와 피지배자 모두를 품위 있게 사회화한다고 여겼습니다. 이러한 맥락에서 '데보티오'는 단순히 권력에 굴복하는 것이 아니라 "예의"라는 오랜 이상을 따라 주어지고 요구되는 것이었습니다. 후기 로마 제국처럼 폭력과 불화의 가능성이 내재한 체제에서도 권력은 단지 구속력 있는 법의 통제를 받을 뿐 아니라 품위 있게, 혹은 적어도 품위 있어 보이게 행사되어야만 했습니다. 철저하게 현실주의적인, 때로는 침탈의 성격을 지닌 권력일지라도, 혹은 그런 권력일수록 장엄한 의례와 격식을 갖춘 분위기 가운데 자연스럽고 정당한 것으로 보이도록 연출되어야 했습니다. 황제의 권위는 거칠고 노골적인 힘으로 드러나기보다는 조용하면서도 압도적인 위엄, 곧 '평정'(세레니타스serenitas)의 분위기 가운데 제국 전역에 스며들었습니다. 이 평정의 분위기는 황제를 대신해 일하는 수많은 대표자, 협력자들을 통해 구현되었으며 이 전달 과정에서 예의, 자제, 차분한 자신감과 같은 상류층 특유의 품격, 혹은 탁월함의 징표로 여기던 태도들이 중요한 역할을 했습니다. 이렇듯 로마 후기의 조용하고 절제된, '예의'를 강조하는 품위의 문화는 다른 종교 및 신앙에 대한 관용의 문제마저 자신의 틀 속으로 흡수해 버렸습니다. 불관용의 경계를 실질적으로 정한 것은 철학이 아니라 '파이데이아'였습니다.

우리는 지금 진리를 수호하고 오류를 제거하려면 권위와 공포, 어떤 경우에는 무력까지 동원해야 한다고 믿었던 후기 로마 세계 상류층에 대해 살펴보고 있습니다. 하지만 그들이 종교 문제에 권위를 써야 한다고 믿었기에, 그 권위는 극도로 신중하게, 절제 가운데 행사되어야만 했습니다. 올바른 종교, 올바른 신앙은 제국의 영광이자 정당성의 토대였습니다. 그리고 바로 그 때문에 종교의 일치, 신앙의 일치는 제국의 위엄과 권위, 장엄함을 가장 충실하게 반영하는 방식으로 구현되어야 했습니다. 그러한 방식이 권력 자체를, 그리고 그 권력을 지역에서 대리하던 이들의 권위를 정당화해 주었기 때문이지요. 현대인의 눈에 이런 사회는 불관용을 억제하는 이론이 없다시피 한, 위험한 사회로 보일 수도 있습니다. 그러나 실제로 당시 사회는 종교를 강요하는 방식이나, 장기간에 걸쳐 형성된, 공적 행위에 대한 암묵적인 규범에 어긋나는 속도와 방식으로 종교 분쟁을 처리하려는 시도에 매우 예민하게 반응했습니다. 후기 로마 제국의 불관용 양상과 그 경계를 이해하기 위해서는, (맥락은 다르지만) 프랑스의 역사학자 폴 벤느Paul Veyne⁺가 남긴 표현을 생각해 보아야 합니다.

> 고대의 선택지는 우리가 찾으려 하는 곳이 아닌 ... 찾지 않는 곳에 있다. 바로 복종의 방식과 명령의 방식에.[22]

후기 로마 사회는 "명령의 방식"에 집착했고 이는 여러 층위에서 발견할 수 있습니다. 현재 남아 있는 사료들은 중앙 집권화된

---

[22] Paul Veyne, *Le pain et le cirque* (Paris: Éditions du Seuil, 1976), 638.

관료제의 발전을 강조하지만, 실제 후기 로마 제국은 (오늘날 근대 국가에 비추어 보면) 비현실적일 정도로 지역 상류층과 개별 도시 행정 체제의 협력에 의존했습니다. 세금 징수와 재분배에 있어서는 특히 그랬지요.[23] 이 사실 하나만으로도, 당시 종교에 대한 열정이 얼마나 상대적인지를 짐작할 수 있습니다. 4세기와 5세기 도시 유력자들에게 가장 중요한 문제, '동물원 속 코끼리'는 해마다 되풀이되는 세금 징수, 그리고 이로 인한 첨예한 갈등이었지 종교 문제가 아니었습니다(초자연적 문제를 잘 알고 흥미로워하는 이들에게는 이 문제가 가장 중요했을지언정 말이지요). 세금 징수는 황제의 뜻을 행사하고 집행하는 그 어떤 일보다도 거대하고 중요한 일이었습니다.

가차 없고 겉으로 보기에는 매우 성공적이기까지 한 징세 체제에 비추어 우리는 황제들이 백성의 부를 장악했으며 거기서 더 나아가 그들의 영혼까지 장악하려 한 것처럼 보기 쉽습니다. 그러나 현실은 전혀 그렇지 않았습니다. 대다수 지역에서 제국의 행정은 징세 문제를 협의하는 과정에서 이미 한계에 이르렀습니다. 종교 문제에서 불관용 정책에 힘을 실어줄 여유는 거의 남아 있지 않았습니다. 이러한 맥락에서 후기 로마 사료들이 관용과 세금 수입 사이에 분명한 관계가 있다고 전제하는 것

---

[23] Peter Brown, *Power and Persuasion*, 20~34. Jean Durliat, *Les finances publiques de Dioclétien aux Carolingiens*, Beihefte der Francia 21 (Sigmaringen, 1990), 13~37.

은 그리 놀라운 일이 아닙니다. 400년경, 가자의 포르피리오스 Porphyrius of Gaza⁺는 도시의 신전을 파괴하는 일을 윤허해 달라고 황제에게 청했습니다. 이에 황제 아르카디우스Arcadius는 이렇게 대답했다고 합니다.

> 도시에 우상이 넘쳐나는 것을 모르는 바 아니나, 도시는 정성을 다해('에우그노모네이'εὐγνωμονεῖ) 세금을 납부하고 있고, 국고에도 큰 보탬이 되고 있다. 이들에게 갑작스러운 공포를 조장한다면 사람들은 도망칠 것이고, 국고 수입에도 상당한 손실이 있게 될 것이다.[24]

마찬가지로 432~433년 수석장관 타우루스Taurus는 킬리키아 주교들의 의사에 반해 특정한 신학 입장을 강제하는 칙령을 철회하도록 간언하기도 했습니다.

> 황제에게 나아간 그는 도시들이 폐허가 되고 말 것이라고 장담했다. 그리고는 킬리키아도 지금의 (훈족의 습격으로 황폐하게 된 속주) 트라키아 꼴이 나고 말 것이라고, 세금을 내는 도시가 하

---

[24] 「포르피리오스의 생애」, 41. Henri Grégoire and Maurice Albert Kugener(ed.), *Marc le Diacre: Vie de Porphyre* (Paris: Les Belles Lettres, 1930), 35. 또한, 다음을 참조하라. 세누테, 「편지」, 27. J. Leipoldt and W. Crum (ed.), *Corpus Scriptorum Orientalium* 43: *Scriptores Coptici* 3 (Leipzig: Harrassowitz, 1898), 88.14.

불관용의 한계 | 83

나도 남지 않게 될 것이라고 강조했다.[25]

두 이야기 모두 "사실이 아니더라도, 잘 만든"se non è vero, è ben trovato 이야기라고 할 수도 있겠지요. 하지만 설령 사실이 아니더라도, 당시 사람들이 황제에게 저런 논리를 펴는 것이 효과가 있으리라고 생각한 것은 분명합니다. 저 이야기들은 동방 제국이 실제로는 무수한 "은폐"dissimulatio, 곧 세금만 제때 잘 내면 지역 공동체들에서 행하는 전통적인 종교 예식을 공식적으로는 못 본 척함으로써 건재했던 건 아닌지 생각해 보게 합니다.

여기에는 그렇게 해야 하는 합리적인 이유가 있었습니다. 세금 징수처럼 정말 중요한 문제만 하더라도 지역 상류층을 대함에 있어 당근과 채찍 사이에서 적절한 균형을 맞추기란 언제나 어려웠습니다. 자신의 올바름을 내세우는 독실한 신자의 분노로 이 미묘한 균형이 깨지는 건 제국의 입장에서 바람직해 보이지 않았겠지요. 이 같은 맥락에서 후기 로마 제국의 지방관에게 필요했던 자질은 다른 종교, 신앙에 대한 관용이라는 추상적 사고가 아닌, 순응을 얻어내기 위해 보여 주어야 하는 일말의 예의였습니다. 일례로 시리아 총독 바알베크 출신의 알렉산드로스Alexander와 관련된 일을 들 수 있습니다. 열렬한 이교도였던 그는 신경질적이고 고압적인 성격으로 정평이 나 있던 인물이었지

---

[25] *Collectio Casinensis*, 211. Eduard Schwartz(ed.), *Acta Conciliorum Oecumenicorum* 1.4 (Berlin: Walter de Gruyter, 1932~1933), 155.

요. 그를 그 자리에 임명한 인물은 배교자 율리아누스인데, 그렇게 해서 그리스도교인들을 괴롭히려는 의도도 없지 않았습니다. 알렉산드로스는 아파메아의 한 반항적인 그리스도교인 시의원을 대하느라 몹시 신경질이 나 있었는데, 이교 철학자 리바니오스Libanius가 그에게 권고했습니다. 리바니오스는 신들을 향한 알렉산드로스의 열정을 높이 평가하면서도, 경기란 규칙을 따라야 하는 것이라고 말했습니다.

> 잘 생각하게. 좋게 좋게 해서 일을 끝내는 것이 나은지, 강경하게 대응해서 일을 복잡하게 만드는 것이 나은지.[26]

현대 연구자들은 배교자 율리아누스의 이교 대리인으로부터 그리스도교인들을 보호하기 위해 이교 철학자가 쓴 이러한 편지들을 높이 평가합니다. 폭력이 난무하던 시대에 이런 편지들은 "관용의 오아시스"처럼 보이지요.[27] 그러나 이 편지들에 담긴 호소는 관용이라는 개념이 널리 퍼졌기 때문이 아니라, 오히려 눈에 띄지 않게 축적된 정치적 분별력 덕분에 가능했습니다. 리바니오스와 같은 '파이데이아'의 대가는 이런 분별력을 모든 상류

---

[26] 리바니오스, 「편지」, 1441.

[27] Alexander Francis Norman, 'Libanius: The Teacher in an Age of Violence', Libanios, *Wege der Forschung* 621 (Darmstadt: Wissenschaftliche Buchgesellschaft, 1993), 362.

층의 정신에 심으려 했습니다.

이러한 '명령의 방식'에 대한 절제는 속주의 상류층에만 국한되지 않았습니다. 권력은 사회의 다양한 층위에서 자연스럽게 행사되는 것처럼 보여야 했습니다. 이를 분명하게 보여 주는 한 편지가 있습니다. 술피키우스 세베루스Sulpicius Severus의 저술들을 모은 책의 부록에 오랫동안 묻혀 있던 이 편지는, 1989년 클로드 르펠리Claude Lepelley가 『아프리카 고대』Antiquités Africaines에서 편집하여 해설을 붙인 덕분에 빛을 보게 되었습니다. 이 편지는 독자를 북아프리카 어느 지역으로 데려갑니다.[28] 어떤 작은 마을의 인사가 아첨을 담아 지역의 주교에게 짧은 편지를 보냈는데, 여기에는 한 무리의 도나투스파 소농들을 성공적으로 가톨릭 신앙으로 개종시킨 것에 대한 축하의 말이 담겨 있었습니다.

후기 로마의 이상, 곧 사회에 "자연스러운" 지도자들이 어떤 도전도 받지 않은 채 온화하고 설득력 있게 권위를 행사하는 모습을 이렇게 공들여 가식적으로 표현한 사례는 좀처럼 발견하기 어렵습니다. 저자는 매우 과장된 어조로 말합니다. (대부분은 도나투스파였을) 통치 계층도 이와 같은 이야기에는 쉽게 반감을 갖지 않았겠지요.

---

[28] Claude Lepelley, 'Trois documents méconnus sur l'histoire sociale et religieuse de l'Afrique romaine, retrouvés parmi les Spuria de Sulpice Sévère', *Antiquités Africaines* 25 (Paris: CNRS Éditions, 1989), 235~262.

> 현명한 이들과 신심은 동류 관계에 있습니다Est enim prudentibus viris cum devotione cognatio.

하지만 소농들에게 기대할 만한 것은 별로 없었습니다.

> 촌사람들은 곧바로 믿으려고 하지 않습니다nec cito conveniens credulitati rusticitas.

그들은 깎아내기 어려운 돌과 같았습니다. 그럼에도 주교는 성공을 거두었습니다. 그것도 폭력 없이 말이지요.

> 어떤 위협도, 공포도 전혀 없이nullis minis, nullis omnino terroribus.[29]

주목해야 하는 사실은 411년(*카르타고 회의Concilium Carthaginense가 열린 해, 가톨릭과 도나투스파가 공식 논쟁을 벌였고 아우구스티누스가 중심인물로 참여한 가톨릭이 완승을 거두었다. 그 결과 제국은 도나투스파를 '이단'으로 규정했고, 그에 따른 탄압 역시 정당화되었다) 이후 "위협"과 "공포"가 공식적인 통치 수단이 되었다는 것입니다. 412년 1월 30일의 법률이 이를 분명하게 보여 줍니다. 도나투스파 "농부들"은 노예와 동일시되었고, 저항하는 경우 노예와 마찬가지

---

[29] 위의 책, 252.

불관용의 한계 | 87

로 지주의 "훈계", 즉 "잦은 채찍질"이라는 형벌을 받아야 했습니다.[30] 그러나 실제 아프리카 대부분 지역의 "농부들"은 법률의 강압적인 수사가 암시하듯 벌을 내리면 이에 순순히 복종하는 존재들이 아니었습니다. 폭군과도 같은 가톨릭 주교 푸살라의 안토니우스Antoninus of Fussala가 관할하고 있었던 히포 레기우스 근교의 농부들은 단도직입적으로 지주에게 자신들이 다른 교구의 관할로 들어가지 않는다면 그곳을 떠나겠다고 통보했습니다.[31] 이러한 측면에서 위에서 살펴본, 주교가 애써 취했던 신중하고 온건한 접근은 단순한 전략 이상의 것이었습니다. 종교의 분열보다 훨씬 더 치명적인 잠재적 폭력으로부터 사회 질서를 보호하려는 정치적 분별력에서 나온 접근이었지요. 그는 괜히 강경한 태도를 취해 질서를 불안하게 하고 싶지 않았던 것입니다.

위에서 언급한 편지는 후기 로마 사회 체제가 종교 문제를 다룰 때 어떻게 작동했는지를 예상치 못한 방식으로 보여 줍니다. 현대인의 눈에 그렇게 유쾌한 장면으로 보이지는 않습니다. 권위가 폭력 없이 작동하려면 '자연스러워' 보일 필요가 있었습니다. 권위를 지닌 이는 도전 받지 않는 위치에 서서, 열등하다고, 약자로 여겨진 이들에게 조용하면서도 단호하게 명령을 전달해야 했습니다. 종교의 변화가 한창이던 이 시기, 이러한 사회의

---

[30] 『테오도시우스 법전』, 16.5.52
[31] 아우구스티누스, 『서간집』, 20.10. Johannes Divjak(ed.), *Bibliothèque Augustinienne* 46B (Paris: Études Augustiniennes, 1987), 308.

위계는 더욱 굳어졌습니다. 소농들, 특히 "파가니"pagani, 즉 이교도들은 말 그대로 '촌뜨기' 취급받으며 본성상 수동적이고 어리석은 존재로 교사되었습니다. 그러므로 우월한 이들이 이끄는 온화하고 질서 있는 지도를 따라 참된 신앙으로 나아가는 것이 '자연스러운' 일이 되었지요.

후기 로마 정치의 핵심은 바로 당근과 채찍을 적절하게 조합하는 것이었고, 새로운 정부 역시 조금의 망설임 없이 종교의 일치를 달성하기 위해 이 도구들을 사용했습니다. 그러므로 당시 종교 정치의 가장 도드라진 특징은 가끔 드러나는 편협함, 때때로 자행되는 폭력보다는 격식을 앞세운 협박이라 할 수 있습니다. 이는 끊임없이 배경에서 반복해 흐르는 주선율obbligato과 같았습니다. 현대인의 눈에는 가장 불쾌하게 다가오는 부분이겠지요.

권위가 언제나 격식 있고 점잖게 행사되어야 한다는 생각은 예의와 침착함, 형식을 갖춘 온화함을 '자연스럽게' 우월한 이들의 공적 언어로 교육하던 당시 문화와 결합했습니다. 그 결과, 당대 사람들은 자제하지 못하고 폭력을 드러내는 진짜 폭군을 식별할 수 있었습니다

여기서 5서기 콘스탄티노폴리스의 교회사가들, 특히 역사가 소크라테스Socrates[+]가 남긴 기록은 귀중한 사료가 됩니다. 평신도 법률가로 소수 집단인 노바티아누스파에 속해 있었던 그는 저런 권력자들을 알아보는 예리한 눈을 가지고 있었습니다. 물론 이

는 "시대의 눈", 곧 후기 로마인의 시선이지요. 그는 강력한 권력을 지닌 주교가 관용을 베푸는지, 그렇지 않은지에 대해서는 관심이 없었습니다. 소크라테스의 관심은 주교가 과연 '납득할 만한 방식'으로 불관용을 실천하는지에 있었습니다.

소크라테스의 「교회사」Ecclesiastical History가 묘사하는 네스토리오스Nestorius는 "거친 인물"의 대표 격입니다. 여기서 그는 마치 암미아누스 마르켈리누스처럼 권력의 어두운 외양을 날카롭게 묘사합니다.[32]

> 그가 어떤 성향의 인물이었는지, 분별 있는 사람들은 첫 설교만 듣고도 알아차릴 수 있었다.

새롭게 콘스탄티노폴리스의 주교에 오른 네스토리오스는 하기아 소피아의 설교단에 올라서는 황제를 향해 몸을 돌려 말했습니다.

> 이 사람에게 이단이 정화된 세상을 주십시오. 그러면 폐하께 답례로 천국을 바치겠나이다.

이 말은 단순한 불관용보다 더 나빴습니다. 공적 품위를 중시하

---

[32] Peter Brown, *Power and Persuasion*, 59~60.

던 로마의 규범을 노골적으로 어겼기 때문이지요. 교양 있는 청중, 즉 "한 사람의 말투와 표현에서 그 사람이 어떤 인물인지 능히 파악하는 이들"은 "(네스토리오스가) 자제할 줄 모르고 그렇게 갑자기 격렬하게 행동한 데서 그가 경솔하고 공격적이며 허영이 가득한 인물이라는 사실을 대번에 감지"했습니다.[33]

이 일화는 카시오도루스Cassiodorus⁺의 「삼분역사」Historia Tripartita에 수록되었고, 이후 서유럽에서 뜻밖의 생명력을 이어갔습니다. 종교개혁 시대 이 일화는 요한네스 브렌츠Johann Brenz의 글에 등장했고, 얼마 후에는 세바스티앙 카스텔리옹Sebastian Castellio⁺의 『이단에 관하여』De haereticis에서 종교 분파를 사형에 처하는 일에 대한 주요 반대 사례로 인용되었습니다. 자유주의 성향의 종교개혁자들은 이를 들어 이미 테오도시우스 2세 시대부터 "피에 굶주린 주교들"이 여럿 있었으며, 이들이 본래는 온건했던 황제 (훗날 신성 로마 제국 황제 칼 5세Charles V의 전신이라 할) 테오도시우스를 마치 "황소의 코뚜레"를 움켜잡아 끌듯 이끌고 있다고 주장했습니다.[34] 근대 종교 관용 논쟁의 서막은 후기 로마 시대 예의범절을 지키지 않는 상황에 대한 묘사에서 불이 붙었습니다.

규범을 따라 행동해야 한다는 소리 없는 압박이 후기 로마 통치 계층에게 매우 무겁고 집요하게 다가왔다는 사실을 결코 간

---

[33] 소크라테스, 「교회사」, 7.29.
[34] Sebastian Castellio, *Concerning Heretics* (New York: Columbia University Press, 1935), 168.

과해서는 안 됩니다. 우리가 이를 대수롭지 않게 여기는 까닭은 콘스탄티누스의 개종에 이어진 종교 혁명이 4세기 로마 제국의 역사 절반에 지나지 않는다는 사실을 종종 망각하기 때문입니다. 나머지 절반은 앞 장에서 언뜻 보았듯, 수백 년에 걸친 정치 불안과 로마 국사國事의 수치를 딛고 다시금 질서를 되찾은 세계의 특권을 누리고자 했던 새로운 통치 계층이 형성되었다는 것입니다. 긴 불안과 혼란 끝에 겨우 안정을 되찾았기에, 이들은 간신히 손에 넣은 질서를 다시는 놓치지 않겠다는, 겨우 타게 된 구명정의 노를 기필코 지켜내고야 말겠다는 절박한 생존 의식에 사로잡혀 있었습니다. 어떤 사람들, 특히 콘스탄티누스의 개종으로 혜택을 입은 그리스도교인들은 극적인 종교 변화가 질서 회복에 기여했다고 믿었을지 모릅니다. 그러나 그들이 노를 쥐고 배를 흔들어, 어렵사리 되찾은 안정을 위태롭게 하는 일은 결코 허용되지 않았습니다.

콘스탄티누스 시대 이후 제국의 새로운 통치 계급이 형성되는 과정에서 4세기는 결코 "이교와 그리스도교의 갈등"으로 점철된 세기가 아니었습니다. 오히려 후기 로마 상류층이라면 "이교"나 "그리스도교"라는 구분이 삶의 방식, 인간관계 및 동맹 관계 선택을 지배할 만큼 중요하다는 암시를 불쾌해했을 것입니다. 종교로 인한 분열은 현대의 꼼꼼한 학자들에게는 즐거움을 주는 일일지 모르지만, 당시 상류층에게는 재앙으로 이어질 요소였습니다. 오히려 그 시대를 지배한 것은, 앞 장에서 살펴보았듯 철저히 조율된 모호함, 그리고 종교상으로는 중립을 유지하면서도 제국의 권위와 사회 질서의 안정을 가리키는 공통 상징 형태에 대한 충성심이었습니다.

다른 종교를 믿고 있음에도 불구하고 상류층 구성원들이 공통 상징 형태를 공유했는지는 수사학자 리바니오스와 유대인 장로長老,patriarch 팔레스티나 힐렐 가문의 가말리엘Gamaliel이 주고받은 편지에서 그 생생한 사례를 엿볼 수 있습니다. 메나헴 스턴Menachem Stern의 주장처럼 "그리스도교 황제의 억압 가운데 곤경에 처해 있던 유대인과 그리스인의 동반자 의식"이 둘을 연결했다고 보기는 어렵습니다.[35] 그들이 손을 잡았던 까닭은 자신들에게 높은 지위를 부여하던 제국 체제를 함께 영위하고 있었기 때문입니다.

로마 제국 후기 유대인 장로라는 법적 지위를 자세히 살펴보면 살펴볼수록, 우리는 그 지위가 억압받던 유대 왕국 시대부터 이어지는, 유대인 지도자가 이끄는 유대 국가의 지속적인 보전이라는 이상과는 거의, 혹은 아무런 관계가 없다는 사실을 깨닫게 됩니다. 이 지위는 크게 보아 콘스탄티누스 이후의, 어쩌면 테오도시우스 1세 치하에서 새롭게 형성된 제국 체제의 산물이었습니다.[36]

---

[35] Menachem Stern, *Greek and Latin Authors on Jews and Judaism* (Jerusalem: Israel Academy of Sciences and Humanities, 1980), 580~581.

[36] Martin Goodman, 'The Roman State and the Jewish Patriarch in the Third

이교 수사학자('레토르' ῥήτωρ)와 유대인 장로('나시' נשיא)는 적어도 한동안은 자신들이 제국 질서의 정점에 있음을 알고 있었습니다. 그리스도교 황제가 그들의 전문성을 필요로 했기 때문이지요. 황실은 그들에게 은덕을 베풀었고, 그들 모두는 테오도시우스가 직접 값진 자색 잉크로 쓴 사령장에서 봉한 고귀하고 명예로운 직함을 누리고 있었습니다.

놀랍지 않게도 리바니오스는 총독을 마음대로 세우고 쫓아낼 수 있는, 부러울 정도의 권력을 휘두르던, 머나먼 팔레스티나의 막강한 지배자 가말리엘과 자신의 공통 기반으로 '파이데이아'를 들었습니다. 언제나 그렇듯 라바니오스는 자신이 두호인斗護人,patron으로서 가지고 있던 연결망이 순조롭게 작동하는 데 관심이 많았습니다. 그는 가말리엘에게 친구 필리피아노스Philippianus를 받아달라고 요청했습니다. 필리피아노스를 "귀하의 벗으로 기록"해달라고 말이지요.[37] 이 가난한 법률가에게는 금전이 절실했습니다.

이는 행운의 여신 다음으로 귀하와 총독 모두가 해주실 수 있

Century', *The Galilee in Late Antiquity* (Cambridge, MA: Harvard University Press, 1992), 127~159. Karl Strobel, 'Aspekte des politischen und sozialen Scheinbildes der rabbinischen Tradition: die spätere 2. und 3. Jahrhunderte n. Chr.', *Klio* 72 (Berlin: Akademie Verlag, 1990), 478~497, 특히 486~492.

[37] 리바니오스, 「편지」, 973.2. Menachem Stern, *Greek and Latin Authors on Jews and Judaism*, 591.

는 것이며, 특히 총독보다 귀하께서 더 크게 베풀어 주실 수 있을 것입니다.[38]

리바니오스는 또한 자신이 두호하던 인물, "자나 깨나 책을 가까이하는, 지혜롭고 정의로운" 테오필로스Theophilus를 문학 애호가르 가말리엘에게 소개했습니다.[39] 여기서 리바니오스가 언급하는 "문학"은 토라가 아니었습니다. 편지에서 리바니오스는 가말리엘이 고대의 도덕적 이상을 보여 주는 인물, 리시마코스Lysimachos의 아들 아리스테이데스Aristides에 대해 잘 알고 있을 거라 전제하고 글을 이어갑니다. 그러면서 가말리엘에게 "분노를 온화함으로 치유하는 일"을 도와 수치를 당한 총독을 구제하고 "텔레포스를 치유한 아킬레우스"와 같은 존재가 되어 달라고 부탁하지요.[40]

당시 중년을 지나고 있던 두 인물이 그리스도교 제국이라는 먹구름 사이로 햇살이 비치는 동안 이를 최대한 이용해야겠다고 생각한 것이라면, 리바니오스는 분명 두엇을 어떻게 해야 하

---

[38] 리바니오스, 「편지」, 974.2, Menachem Stern, *Greek and Latin Authors on Jews and Judaism*, 592.

[39] 리바니오스, 「편지」, 1084.3, Menachem Stern, *Greek and Latin Authors on Jews and Judaism*, 593.

[40] 리바니오스, 「편지」, 1105, Menachem Stern, *Greek and Latin Authors on Jews and Judaism*, 597. 이와 유사하게 이집트에서 엿보이던 이교 및 그리스도교 지식인들의 관계는 다음을 보라. Roger S. Bagnall, *Egypt in Late Antiquity* (Princeton, NJ: Princeton University Press, 1993), 272.

는지 잘 알고 있었습니다. 그는 헬레니즘 문명의 마지막 황혼기, "긴 여름 오후"의 태양 아래, 종교적 열정이 닿지 않은 채 절묘하게 고립된 문학 문화를 감칠맛 나게 활용했습니다.

이렇듯 후기 로마 제국에서 관용과 불관용의 역사는 얼마 되지 않는 문헌 자료 분석만으로는 탐구하기 어렵습니다. 소수의 알려진 사건들만을 통해서 평가하기도 어렵지요. 긍정적이든 부정적이든 말입니다. 이 주제를 다루기 위해서는 딱히 영웅적이지도 않았지만 끈질기게 이어져 온, 후기 로마 지역 상류층의 도덕 감각을 형성한 정치, 문화 조건을 살펴보아야만 합니다.

이를 가장 선명하게 보여 주는 사례가 바로 이교 신전과 유대교 회당에 대한 폭력의 여파입니다. 테오도시우스 1세 치세를 다룬 거의 모든 그리스도교 서사에서 이 장면은 반복적으로 등장합니다.[41] 이 시기 이교 숭배처를 겨냥한 폭력 사건은 빈번하게 일어났습니다. 뚜렷한 목적을 가지고 진행된 보복성 조치였지요. 이교 조각상들의 손발은 파괴되었고, 얼굴과 성기는 훼손되었습니다. 성소들은 불로 "정화"되었습니다.[42]

---

[41] 이러한 사태는 다음 책에 요약되어 있다. Peter Brown, *Power and Persuasion*, 71~115. 한편 이와 완전히 다른 해석을 제시하는 연구도 있다. Ramsey MacMullen, 'The Social Role of the Masses in Late Antiquity', *Changes in the Roman Empire: Essays in the Ordinary* (Princeton, NJ, 1990), 250~76. 그리고 다음을 참조하라. Neil McLynn, 'Christian Controversy and Violence in the Fourth Century', *Kodai* 3 (1992), 15~44.

[42] 예를 들어, 다음을 보라. Barbara Gassowska, 'Maternus Cynegius, Praefectus Praetorio Orientis and the Destruction of the Allat Temple in Palmyra', *Archeologica* 33 (1982), 107~23.

이런 행동에 누구는 혐오감을, 누구는 기묘한 매혹을 느낄 수 있지만, 어떠한 경우든 그런 감정에 이끌려 사건의 비중을 지나치게 확대해서는 안 됩니다. 의도적인 파괴 행위가 일어났다고 해서 그것이 통제 불능의 대중 폭동이었다고 단정할 수는 없습니다. 오히려, 더 많은 군중이 몰리는 상황을 피하려는 뜻에서, 소수의 세력이 신속히 기습적으로 실행했을 수도 있습니다. 리바니오스의 경우 386년 시리아에서의 신전 파괴를 개탄하며 널리 알려진 「신전 변호 연설」에서 이를 비판했습니다. 테오도시우스를 보위하던 장군들은 388년 칼리니쿰에 있는 유대교 회당의 방화 소식을 듣고는 경악했고, 밀라노 가톨릭 성당의 제대 앞에서 테오도시우스를 대면하던 암브로시우스에게 고함을 치며 그의 입을 막으려 했습니다. 당시 칼리니쿰의 주교는 지역 총독의 요구에 따라 불탄 건물을 복구하려는 와중에 있었고, 암브로시우스가 개입하지 않았더라면 아무런 저항 없이 그렇게 했을 것입니다. 한편 파노폴리스 시의회는 420년대 아트리페의 셰누테가 저지른 약탈 행위에 반발하며 그를 법정에 세웠습니다.[43]

이러한 항의들이 대부분 실패로 돌아갔다는 사실이 곧 이런 시도 자체가 사라졌다는 뜻은 아닙니다. 4세기 후반과 5세기 초 일어난 폭력 사태를 조명하는 이교도들의 분노, 그리스도교인들

---

[43] 리바니오스, 「연설」, 30. Alexander Francis Norman(ed. and trans.), *Libanius: Select Works* 2, Loeb Classical Library (Cambridge, MA: Harvard University Press, 1977), 92~150. 칼리니쿰에 관해서는 암브로시우스, 「편지」, 40 및 41. 파노폴리스에 관해서는 셰누테, 「편지」, 24.

의 자기 정당화라는 생생한 불빛 너머로 우리는 말로 표현되지 않는 반감의 두터운 안개를 감지할 수 있습니다.

이유는 분명합니다. 이렇게 갑자기 일어나고, 예측 불가능한 폭력은 고도의 통치 체제에 입각한 사회에서 이루어지는 영속적이고 통제된 폭력에 부합하지 않기 때문입니다. 폭력을 행사해야 한다면, 그 폭력은 반드시 전통적인 상류층이 독점해야 했습니다. 그들은 폭력을 행사할 수 있는 권한이 예측 불가능한 외부자들의 손에 넘어가는 것을 용납할 수 없었습니다.

수많은 사료에서 그리스도교 수도사들을 과도하게 부각해 서술하는 이유는 이 때문인지도 모릅니다. 이와 관련해 리바니오스는 인상적인 묘사를 남깁니다.

> 검은 겉옷을 입고는 코끼리보다 더 많이 먹는 이 족속이 범람하는 강물처럼 시골을 휩쓸고 있다 ... 그리고, 신전들을 짓밟으며 토지까지 함께 유린한다.[44]

현대 독자의 눈에 이는 수도사들이 "민란"을 이끄는 것처럼 보입니다. 하지만 여기서 리바니오스는 로마의 전통적인 수사 기술을 활용해 익숙한 풍자화를 만들어 내고 있습니다. 그는 수도사들에게 "강도"('라트로키니움'latrocinium, 혹은 '레스테이아'λῃστεία) 혐

---

[44] 리바니오스, 「연설」, 30.9.

의를 덧씌웠습니다. 셰누테의 경우에도 마찬가지였습니다. 수도사들을 향해 콥트어로 강도를 뜻하는 '음은트레스테스'ⲘⲚⲦⲀⲎⲤⲦⲎⲤ를 썼지요. 이런 표현들은 하나같이 승인되지 않은 폭력을 가리켰습니다.[45]

실제로 이교 신전의 파괴는 동방 속주를 순시하던 그리스도교 수석장관의 주도로 철저하고, 냉정하고, 질서정연하게 이루어졌습니다. 하지만 수도사들이 벌인 무질서한 폭력 행위가 부각되면서 체계적인 파괴 행위도 불법적이고 무분별했던 일처럼 보이게 되었지요. 더 강력한 영향력을 발휘한 건 수도사들이 일으킨 풀뿌리 폭력이 아닌, 이교를 근절하려는 의지 아래 테오도시우스가 실형한 통제된 폭력이었을 것입니다. 그러나 그러한 폭력조차 침묵을 강요하지는 않았습니다.

리바니오스를 비롯한 인물들이 그리스도교 수도사들의 행동을 과도하게 부각한 이유는 수도사들이 향한 폭력이 "거부할 수 있는' 폭력이었기 때문입니다. 수도사들은 법률상 지위가 없었습니다. 그들은 성직자가 아니었습니다. 예의를 갖춰 대할 필요가 없었습니다. 그리스도교 주교와 같은 가경자可敬者, vir venerablilis도 아니었습니다. 보통 하층민 출신에 외지인인 경우가 많았던 수도사들은 매질을 당하거나 도시 밖으로 쫓겨나기 일쑤였습니다. 심지어 그리스도교 주교들이 앞장서서 그렇게 하는 경우도

---

[45] 리바니오스, 「연설」 30.12. 셰누테, 「편지」 24, 79.16.

있었습니다. 수도사 히파티오스Hypatius가 동료들과 함께 콘스탄티노폴리스 인근, 바다 건너편에 있는 부촌 칼케돈(오늘날 튀르키예 카디쿄이)에 도착했을 때의 일입니다. 칼케돈의 행정장관이 434~35년 주최한 올림피아 제전에 항의하러 온 것이었지요. 이때 칼케돈 주교는 이들에게 참견하지 말라며 말했습니다.

> 아무도 해코지하지 않는데 혼자 순교자가 될 작정이오? 수도사라면 방에 앉아 묵언 수행이나 하시오. 이건 내 소관이오.[46]

그리스도교 주교가 한 말이나, 이는 동로마 제국 통치 계층 전체를 대변하는 목소리이기도 합니다. 주교는 출신 성분에 있어서나, 교양의 측면으로 보나, 권위를 중시하는 기질로 보나 이 계층에 속해 있었습니다. 이런 이들은 조용하지만 단호하게, 그리스도교가 승리한다면 그 승리는 자신들의 권위를 통해, 무력이 필요할 경우 그 무력은 자신들만이 행사해야 한다고 여겼습니다.

이 시대 조각상들이 어떤 운명을 맞이했는지를 보면, 당시 지역 상류층이 제국의 그리스도교화를 자신들의 방식으로 이끌려 했음을 알 수 있습니다. 수많은 조각상이 보존되었습니다. 오히려, 앞 장에서 살핀 극적인 서사들은 많은 도시에서 도시 경관의

---

[46] 칼리니코스, 「히파티오스의 생애」 33.

'세속화'를 더 수월하게 해주었는지도 모릅니다. 신전과 신상에 깃들어 있던 신들이 공개 망신을 당하며 축출되고 나자, 신전과 신상 자체는 도시의 단순한 '장식물'로 존속할 수 있었습니다. 희생 제사에 '감염'되는 일이 사라지자, 고전 시대의 빛나는 대리석 석상은 새것 그대로의 순결함을 되찾았다고 사람들은 생각했습니다. 과거의 우상들이 예술 작품이 되었습니다(오늘날도 그러하지요). 알렉산드리아의 냉소적인 이교 시인 팔라다스Palladas는 이런 우스꽝스러운 상황을 놓치지 않았습니다. 마리나Marina라는 이름의 그리스도교 귀부인이 저택에 꾸민 화려한 미술관을 두고 이렇게 비꼬았지요.

> 올림포스 신들이 그리스도교로 개종하더니
> 여기서 참 평안하게도 지내고 있네.
> 이곳에선 톨구덩이 용광로에 떨어져
> 동전으로 만들어질 일은 없겠지.[47]

상류층 집단의 회복력과 모든 영역에 스며들었던 그들의 존재감은 북아프리카에서 일어난 이교도와 그리스도교인들의 대규모 유혈 충돌을 전하는 기록이 단 하나의 문서(아우구스티누스가 쓴 편지)밖에 없다는 데서도 알 수 있습니다. 수페스에서 헤라클레

---

[47] W. R. Paton(ed. and trans.), *The Greek Anthology*, 5 vols. (Cambridge, MA: Harvard University Press, 1968), 3:294.

스 상이 쓰러진 일을 계기로 폭동이 발생했고 그 결과 60명이 넘는 그리스도교인이 목숨을 잃었습니다. 그런데도 도시의 시의회는 쓰러진 헤라클레스 상의 수염 부분에 금박을 다시 입히는 비용을 그리스도교인들에게 청구했습니다. 어찌 되었거나 그 상은 도시가 가장 자랑하는 기념물이었기 때문이지요. 이에 아우구스티누스는 도시에 항의 서한을 보내야 했습니다.[48]

이처럼 로마 제국의 다양한 지역에서 일어난 일들을 상세히 관찰하면 하나의 일반적인 결론을 끌어낼 수 있습니다. 이후 시대도 마찬가지이거니와 후기 로마 제국의 그리스도교화 과정은 결코 고립된 채로 다루어질 수 없습니다. 이 장에서는 그리스도교화라는 과정에서 나타난 가장 악명 높은 특징인 다른 종교와 신앙에 대한 불관용에 초점을 맞추었습니다. 당시 그리스도교 저자들은 다른 종교 및 신앙에 대한 불관용을 거리낌 없이, 열정적으로 수용했습니다. 이 불관용은 교회의 승리를 서술하는 그리스도교 서사들에서도 중요한 역할을 차지했고, 자유주의적 성향을 지닌 근대 역사가들은 이를 보고 충격을 받기도 했습니다. 그러나 이러한 모습은 가능한 한 더 넓은 역사적 배경에 놓고 조망해야 합니다. 다른 종교, 다른 신앙에 대한 불관용은 고대 후기 사회가 권력을 행사하는 방식의 일부였습니다. 극도로 노골적인 형태뿐 아니라, 헤아릴 수 없이 많고 거의 기록되지도 않은

---

[48] 아우구스티누스, 「편지」, 50.

소리 없는 규제라는 형태를 통해서도 말이지요. 이런 움직임은 황제의 법령이나 주교들의 고압적인 발언, 수도사들의 과격한 행동으로만 결정되지 않았습니다. 오히려 좀 더 근본적인 차원에서 이 움직임을 좌우한 건 자신들이 지배하는 세계를 계속 통제하려 했던 후기 로마 사회 평균적인 권력자들의 권력 의지였습니다.

이 장에서 주목해 본 몇몇 세부 사항은 더 거대한 하나의 현상을 암시합니다. 지중해 전역에서 일어난 종교의 변화는 때로 격렬한 폭력의 가능성을 품고 있었지만, 결국 더 예측 가능하면서 여전히 억압적인, "부드러운 폭력"gentle violence으로 드러나는 안정된 사회 질서로 흘러 들어갔습니다.

이러한 흐름은, 천년에 걸쳐 일어난 변화를 가늠할 수 있게 해주는 하나의 실마리가 되는지도 모릅니다. 기원후 1세기에 어느 프리기아인은 유언장을 작성하며 자신의 유지는 "로마의 영원한 지배가 이어지는 한" 유효하다고 선언했습니다. 9세기 말, 켄트 지역의 어느 앵글로색슨 지주는 자신의 유언이 "세례가 지속되는 한, 그리고 돈이 이 땅에서 걷히는 한" 유효하다고 선언했습니다.[49] 두 사람 사이에는 커다란 간극이 있지만, 연속선상에 있기도 합니다. 우리가 "그리스도교화 과정"이라고 부르는

---

[49] *Revue des études anciennes* 3 (1901), 273. Florence Harmer, *Documents of the Ninth and Tenth Centuries* (Cambridge: Cambridge University Press, 1914), 13~15.

현상은 결코 권위의 본질과 작동 방식에 관한 더 넓은 차원의 논의와 분리될 수 없습니다. 보편 교회는 소리 없이 보편 제국을 대체하였습니다. 그리하여 처음에는 로마 제국이, 나중에는 그리스도교 교회가 흔들리지 않는 확고한 지평선의 상징으로 자리 잡게 되었습니다. 특권을 누리며 한 자리를 차지하던 사람들은 그 지평선 너머를 보는 일을 극도로 꺼렸습니다. 이들이 바로 이 장에서 다루었던 로마 후기 무대의 사람들, 목소리가 커서 더 잘 알려졌던 사람들 대신 살펴본 사람들입니다. 그러나 이제는 이런 높으신 분들과 작별 인사를 나눌 시간입니다. 5세기와 6세기를 거치며, 모든 사람은 그리스도교 교회가 점점 자신들의 지평을 사로잡는 모습을 경험했습니다. 마지막 장에서는 그리스도교 성자라는 생생한 존재들이, 여전히 모호하게 남아 있던 초자연적 세계에 어떻게 일정한 질서를 부여했는지를 살펴보겠습니다.

제3장

거룩함의 중재자
- 고대 후기 그리스도교의 성자[*]

520년대 어느 시점, 이집트 출신의 위대한 노老 은둔 수도사 바르사누피오스Barsanuphius는 가자 인근의 독방에서 어느 병들고 낙담한 수도사를 위로하기 위해 편지를 썼습니다.

> 그리스도 앞에서 말합니다. 거짓말이 아닙니다. 우리 세대 가운데, 바로 지금, 이 복된 장소에, 하느님의 종이 있습니다. 그는 우리 주 예수의 이름으로 죽은 자를 일으킬 수 있고, 마귀를

---

* 저자가 사용하는 '성자'Holy man는 교회가 시성한 '성인'saint과 다르며 이 글에서는 주로 지역에서 널리 알려진 그리스도교 은둔 수도사를 가리킨다.

쫓아낼 수 있으며, 고칠 수 없는 병을 고칠 수 있고, 사도들이 했던 것보다 결코 작지 않은 여러 기적을 일으킬 수 있습니다. ... 주님께서는 어디에나 당신의 참된 종들을 거느리고 계십니다. 그리고 그들을 더는 "종"이 아니라 "친구"라고 부르십니다 (갈라 4:7). 내가 하는 말이 허튼소리라고 하려는 이가 있다면 그렇게 하라고 하십시오. 그러나 저 높은 지경에 이르고자 갈망하는 이가 있다면, 주저하지 마십시오.[1]

5세기에서 6세기 사이, 그리스도교 세계 전역에 있는 (이 병든 안드레아스Andreas 수도사와 같은) 평범한 그리스도교 신자는 어딘가에, 자신들의 시대, 어쩌면 자기가 사는 곳 그리 멀지 않은 곳에, 오랜 은둔 수도 생활과 훈련을 통해 하느님과 각별히 가까운 관계를 맺게 된 사람들이 있을 거라 기대했고, 거기서 위안을 얻었습니다. 그런 사람들은 보통 사람들의 고통을 모르지 않고, 하느님은 그들을 사랑하는 자녀로 아끼시기에, 그들이 하느님과 거리를 두고 살아가는 죄 많은 여러 사람을 위해 기도하면 하느님이 그 기도를 들어주실 거라 믿었지요. 바로 이 같은 맥락에서 542~543년 흑사병이 지중해 동부를 강타했을 때, 위대한 노인은 상황을 염려하던 수도사들을 안심시키기 위해 편지를 썼습니다.

---

[1] 바르사누피오스, 「서간집」, 91, *Barsanuphe et Jean de Gaza: Correspondance* (Solesmes: Abbaye de Solesmes, 1971), 84.

허다한 사람이 하느님의 자비를 간구하고 있습니다. 그리고 분명 하느님보다 더 인류를 사랑하는 분은 없으십니다. 그런데 그분이 자비를 베풀고자 하셔도 이 세상에서 인생이 범한 허다한 죄가 그 길을 가로막고 있습니다. 하지만 하느님 앞에 온전한 세 사람이 있으니, 그들은 인간의 경지를 초월하여 매고 푸는 권세를, 죄를 사하거나 사하지 않을 수 있는 권세를 받았습니다. 그들은 "갈라진 틈에 서서"(시편 106:23) 세상이 일격에 무너지지 않도록 하고 있습니다. 하느님은 그들의 기도를 들으시어, 자비로운 징계를 내리는 정도에서 그치실 것입니다. … 그들은 로마의 요안네스, 코린토스의 엘리아스, 그리고 예루살렘이 있는 한 사람입니다. 저는 그들이 하느님의 자비를 얻어낼 것이라고 확신합니다.[2]

이와 같은 성자들은 고대 후기를 살아가던 그리스도교인의 상상에서 매우 중요한 역할을 했습니다. 이들은 하느님을 '지금 여기', 자신이 살아가는 시대와 지역에 임하시는 분으로 실감하게 했습니다. 성자들이 했던 일은 너무나 확고해, 사람들은 하느님의 존재 여부를 의심할 생각조차 하지 않았습니다. 하느님은 당연히 존재하시나 과연 그분이 멀리 떨어진 인류에게, 특히 여기저기 흩어져 살아가는 초라한 주민들에게까지, 당신의 의지를

---

[2] 바르사누피오스, 「서간집」, 569. *Barsanuphe et Jean de Gaza: Correspondance*, 369.

구현하는 사람들을 통해 더없는 자비를 베푸실 마음이 있으신지가 관건이었지요.

가자에서 바르사누피오스가 이런 편지를 쓰고 있던 시기에, 리키아 해안을 등진 고지대에 살던 한 농부는 이웃이 성자 시온의 니콜라오스Nicholas of Sion⁺를 만났다고 자랑하자 코웃음을 치며 말했습니다.

> 하느님의 종? 웃기지 마. 하느님이 살아 계신 건 믿지만, 그 이름을 팔아서 뭐라도 되는 줄 아는 인간은 못 믿겠어.[3]

신앙과 불신앙을 표현한 이런 말들은 그 선명함 때문에 오히려 고대 후기의 그리스도교 성자들을 둘러싼 복잡하고 미묘한 기대들이 존재했다는 사실을 가려버렸습니다. 이러한 기대를 당대 사람들은 분명히 깨닫지 못했으며, 오늘날 역사가들도 마찬가지입니다. 이 장에서 제가 주목하려는 것은 바로 이 '더 넓은 배경'입니다. 지금부터는 고대 후기를 대표하는 그리스도교 성자들의 생애를 둘러싼 생생한 자료들을 사용하여 이 시기의 특징을 통합적으로 살펴보려 합니다. 이는 보다 오랜 시간에 걸쳐 이루어진 그리스도교화 과정의 한 단계를 이해하는 일이기도 합니다.

그러나 그전에, 한 가지 사실을 솔직히 인정하고 시작하는 것

---

[3] Ihor Ševčenko and Nancy Ševčenko(ed.), 'Vita Nicolai Sionitae' 22, *The Life of Nicholas of Sion* (Brookline, MA: Hellenic College Press, 1984), 43.

이 좋을 것 같습니다. 20년도 더 전인 1971년, 저는 「성자의 등장과 역할」The Rise and Function of the Holy Man이라는 논문을 쓴 적이 있었습니다. 그대는 고대 후기 종교 세계라는 커다란 그림에 성자를 어떻게 위치시켜야 할지 나름대로 확신이 있었습니다. 하지만 그때 품었던 확신이 지금은 많이 옅어졌지요.

돌아보면, 1971년 당시 저는 성자를 하나의 독립된 대상으로 확대해 조망하는 데 만족했던 것 같습니다. 그 과정에서 집중해 살핀 핵심 사료들(성자들의 생생한 「생애」Lives, 보통 성자가 세상을 떠난 뒤 제자들이 집필한 전기들)이 보여 주는 서술의 흐름과 강조점을 지나치게 그대로 따랐고, 충분한 거리를 두지는 못했던 것 같습니다. 이 기록들은 온갖 인간 군상과 관계를 맺는 성자의 모습을 그리고 있습니다. 병든 이를 치료하고, 유익한 조언을 해 주며, 저주를 내리고, 하느님과 지상의 권력자 사이를 성공적으로 중재하는 모습을 생생하게 묘사하지요. 그런데 사료들이 묘사하는 이처럼 선명한 행위들에 초점을 맞추다 보면, 성자는 마치 안개 낀 중국 산수화에 나타나는 인물처럼 보이게 됩니다. 그가 놓여 있던 더 넓은 세계, 곧 그 행위를 가능하게 했던 사회, 종교 배경이 흐릿하게 처리되어 잘 보이지 않게 되는 것이지요. 어떻게 전경과 배경을 연결할지, 성자의 구체적인 행적과 그 행적에 담긴 더 넓은 사회적, 종교적 함의를 연결할지, 그리고 당대 사람들에게 성자가 어떤 의미가 있었으며, 그의 활동이 다른 형태의 신앙 활동과 비교해 어떤 중요성이 있었는지를 탐구하는 일은 1971

년에는 충분히 진행하지 못했습니다. 어쩌면 했어야 마땅한 일인데 말이지요.[4]

그리하여 이 장에서는 이전에 놓쳤던 것들을 보완하기 위해 성자를 더 넓은 배경에 놓고 보려 합니다. 우선 성자의 역할 중 가장 평범하다고 할 만한 부분, 곧 당시 그리스도교 공동체들에 널리 퍼진 관행을 승인하는 사람의 역할에 관해 살펴보겠습니다. 다음으로는 (1971년에 제가 주목했던) 중재자이자 두호인으로서의 역할을 넘어, 결집의 중심으로, 새로운 종교에 대한 충성과 새로운 종교의식 및 관행의 창출을 촉진하던 인물로서 성자가 수행한 몇 가지 활동을 살펴보겠습니다. 그렇게 함으로써, 성자는 "거룩함의 중재자"arbiter of the holy라고 할 만한 중요한 역할을 했습니다. 성자의 「생애」가 기록하듯, 그는 일상적인 활동에서, 자신의 인격과 행위를 통해 고대 후기 종교 세계를 특징짓던, 서로 충돌하는 상이한 설명 체계들을 포용하고 하나의 질서로 정돈했습니다. 그리스도교인과 이교도 사이에 서서, 보다 포괄적이면서 배타적인 유일신론에 입각한 새로운 '종교에 대한 공통 감각'의 형성에 기여한 것입니다. 이 전환은 고대 후기에서 중세 초기에 일어난 변화 가운데 가장 결정적인 전환이었지만, 그만

---

[4] Peter Brown, 'The Rise and Function of the Holy Man in Late Antiquity', *Journal of Roman Studies* 61 (London: Society for the Promotion of Roman Studies, 1971), 80~101. 이 논문은 다음 책에도 수록되었다. Peter Brown, *Society and the Holy in Late Antiquity* (Berkeley: University of California Press, 1982). 그리고 다음을 참조하라. Peter Brown, 'The Saint as Exemplar', *Representations* 1 (Berkeley: University of California Press, 1983), 1~25.

큼 당대인들은 이를 가장 천천히, 더디게 받아들였습니다.

일단은 먼저 전경, 성자들이 그리스도교인을 자처하던 사람들을 만난 현황부터 살펴보지요. 사료들은 성자들의 행위를 극적이며 특별한 일로 묘사하지만, 돌이켜보면 그 일들은 당시 그리스도교 사회 전체에서 점차 고조되고 있던 분위기, 그리스도교인이라면 해야 하고, 할 수 있다고 여기는 활동을 눈에 띄는 방식으로 성취한 예, 일종의 봉우리에 지나지 않았습니다. 세례를 통해 성령의 선물을 받은 신자 공동체의 구성원으로서 그리스도교인은 누구든 '거룩한 존재'가 될 가능성이 있었습니다. 고대 후기 사람들은 그 거룩함이 영적인 능력으로 나타난다고 생각했지요. 이를테면 아우구스티누스의 어머니 모니카Monica는 하느님이 당연히 자신에게 예지몽을 주실 것이라고 생각했습니다. 아우구스티누스 역시 카시키아쿰의 벗들이 기도해 준 덕분에 치통이 나았다고 믿었지요. 그 친구들이 모두 세례 교인이었던 것도 아닌데 말입니다.[5]

신심 깊은 이들에게 도움 얻기를 기대하는 건 그리스도교 공동체에서 흔히 볼 수 있는 모습이었습니다. 이들 가운데는 남성 못지않게 여성도 많았고, 성직자 못지않게 평신도도 많았습니다. 사람들은 경건한 사람, 곧 '비르 렐리기오수스'vir religiosus나 '페미나 렐리기오사'femina religiosa를 주의 깊게 살펴보며 덕망의 증

---

[5] 아우구스티누스, 「고백록」, 8.13.23 및 9.4.12, 『고백록』(경세원).

거를 찾곤 했습니다. 혹시나 다른 사람에게 도움이 될 만한 영적 능력은 없는지 알아보려고 했던 것이지요. 어느 평신도는 바르사누피오스에게 불평을 토로했습니다. 자신은 성향상 어디 나서기도 싫어하고 지역 정치에도 관심이 없으며 다른 사람들과는 달리 공공 욕장을 방문했을 때 성적인 매력을 내세우려고 하지 않았을 뿐인데, 단지 그런 이유만으로 사람들이 자신을 성자 취급하고 있다고 말이지요.[6] 그렇게 평판이 쌓이면, 그다음엔 으레 찾아오는 요청이 있었습니다. 영력을 실제로 보여 달라는 것이었지요. 오늘날 프랑스 낭트 인근 베네에서 추수 일을 하던 사람들은 성난 말벌로 가득한 벌집을 보고는 경건한 농부 프리아르두스Friardus에게 가서 농담 반 진담 반으로 말했습니다.

> 이봐 독실한 양반, 당신 같은 사람이 와야 해. 늘 기도하는 사람, 눈과 귀에도 성호를 긋는 사람, 집 밖으로 나갈 때마다 성호경을 외는 사람 말이야.[7]

사람들은 경건한 프리아르두스가 말벌들을 진정시킬 능력이 있기를 기대했던 것입니다.

이렇게 거룩한 이들의 기도와 손길이 치유의 통로가 되었다

---

[6] 바르사누피오스, 「서간집」, 771, *Barsanuphe et Jean de Gaza: Corresponda nce* (Solesmes: Abbaye de Solesmes, 1971), 472.

[7] 투르의 그레고리우스, 「교부들의 생애」 10.1

면, 그에 못지않게 치유에 쓰이는 물질들 또한 신자들 사이에서 널리 유통되고 있었습니다. '기도 기름'oil of prayer은 어느 교회든 제대 주변 등잔에서 얻을 수 있었지요. 높은 명성을 지닌 이가 아니더라도, 어느 정도 경건한 사람의 기도와 함께 기름을 바르면 효능이 있다고 사람들은 믿었습니다.[8] 전기에 따르면, 아마세이아(오늘날 튀르키예 아마시야)로 유배당한 콘스탄티노폴리스 총대주교 에우티키오스Eutychius는 그곳 수도원에 정착해 작지만, 꾸준히 기적을 베풀며 살았습니다. 위증죄로 눈을 멀게 하는 형벌을 받은 한 사나이는 3일 동안 기름을 바르고 에우티키오스의 기도를 받자 치유되었습니다. 모유가 나오지 않아 어려움을 겪던 한 여성에게도 기적이 일어났습니다. 모유가 끊이지 않고 나와 동네 모든 아기에게 모유를 나누어줄 수 있게 될 정도였습니다.[9]

기둥 위의 행자 시메온Symeon Stylites*이나 그를 모방한 6세기의 소少 시메온Symeon the Younger*과 같은 거물급 성자를 찾아간 사람들은 자신들이 겪던 어려움에 대한 더 극적인 해결책을 모색하던 이들이었습니다. 이들은 상당한 거리를 이동할 각오를 하고 있었고, 대개 인간 세계의 경계를 넘어선 곳, 사람들이 정착한

---

[8] Walter C. Till, 'Die koptischen Ostraka', *Denkschriften* 78.1 (Vienna: Verlag der Österreichschen Akademie der Wissenschaften, 1960), no. 261, 64.

[9] 에우스트라티오스, 「에우티미오스의 생애」, 58 및 60, *Patrologia Graeca*, 86.2340A 및 2341C.

사회와는 대조되는 야생의 공간을 찾아 떠났습니다. 그들은 (빅터 터너Victor Turner의 표현을 빌리면) "'머나먼' 곳에서, 신앙을 구성하는 기본 요소들과 구조를, 때 묻지 않은 순결한 광채 속에서" 마주하려는 순례자들이었습니다.[10] 하지만 그런 곳에서 그들이 실제로 얻은 것은 대개 "집밥"이었습니다. 위대한 성자들을 찾아간 이들도 고향에서 흔히 접하던 평범한 치료제를 받았지요. 그러나 같은 치료제라 해도, 이제는 누구나 거룩하다고 믿는 손길에 의해, 일상의 환멸에서 벗어난 공간에서 쓰였기에, 그 자체로 전혀 다른 효능과 의미를 지닌 것처럼 여겨졌습니다.

성자들은 보통의 그리스도교인보다 더 신뢰할 만한 치유자이자 위안의 원천이었습니다. 하지만 성자의 성공을 유지하는 데는 비용이 많이 들었습니다. 성자와 추종자들은 대개 불모지에 정착했습니다. 그런데 성자의 명성이 높아질수록 수많은 제자와 순례자가 몰려들었고, 많은 수가 오랜 기간 그 곁에 머물렀습니다. 이 상태가 이어지면서 건물과 급수 시설은 물론 가난한 이들에게 나누어 줄 여분의 식량과 금전도 필요하게 되었지요.

성자는 지역 경제를 미묘하게 압박했습니다. 7세기, (오늘날 스페인 갈리시아 지역에 해당하는) 비에르조의 발레리우스Valerius of Bierzo가 남긴 자서전부터 시작해,[11] 성 베네딕투스Benedictus와 그

---

[10] Victor Turner, Edith Turner, *Image and Pilgrimage in Christian Culture* (New York: Columbia University Press, 1978), 15.

[11] 비에르조의 발레리우스, 「발레리우스 이야기」 2.6 및 7.1, 「설교의 반

를 대적하던 수비아코의 사제 플로렌티우스Florentius를 지나,[12] 유대 사막에 정착한 3천 명의 수도사들에 이르기까지,[13] 또 (신심 깊은 평신도가 으레 제공하던 여분의 음식을, 칼케돈 당국이 해당 지역에 군대를 주둔시키는 단순한 전략으로 차단하자 너무나 쉽게 무너진) 아미다 외곽의 대규모 개종자들에서부터,[14] 인접한 쿠르드인들에게 정기적으로 약탈당하던 이라크 북부의 네스토리오스파 개종자들에 이르기까지.[15] 성공적으로 자리 잡은 성자에 관한 기록, 또 그 성자를 중심으로 형성된 수도 공동체에 관한 기록은 거의 외부에서 새로 유입된 사람들이 지역의 지도자들이나 성직자, 마을의 주민들과 한정된 자원을 두고 벌인 치열한 갈등의 흔적으로 얼룩져 있습니다.

생존을 위해 성자들은 외부의 후원과 보호에 의존했습니다. 특히 황제와 군주, 대지주와 같은 강력한 후원자의 압도적인 비호에 기대야 했지요. 그 대가로 성자는 세상 사람들에게 자신을 후원하던 사람들을 '선한 두호인'의 전범으로 제시했습니다. 덕

복』, 13.3, *Works* (Washington, DC: Catholic University of America Press, 1949), 75, 93, 143.

[12] 대大 그레고리우스Gregory the Great, 「대화」, 2.8.1-4.

[13] 이와 관련해서는 다음을 참조하라. Yizhar Hirschfeld, *The Judean Monasteries in the Byzantine World* (New Haven, CT: Yale University Press, 1992).

[14] 에페소스의 요안네스, 「동방 성인들의 생애」, 35, *Patrologia Orientalis*, 18, 607~20. 「무명 위디오니시오스 연대기」, *Scriptores Syri* 213 (Louvain: Peeters, 1989), 27~28.

[15] Thomas of Marga, *Book of the Governors* (London: Kegan Paul, Trench, Trübner & Co., 1893), V.17(563).

분에 성자가 부자를 꾸짖고, 소농을 착취에서 보호하며, 지역 내 분쟁을 중재하고, 고관, 심지어 황제 앞에서도 굽힐 줄 모르며 가난한 사람들과 억압받는 사람들, 단죄당한 사람들을 옹호하는 기록들이 생생하고 상세하게 보전되었습니다.

성자를 추앙하는 이들이 믿었듯, 성자들이 "확대된 형태의 '선한 두호인'" 역할을 했다는 식으로 성자의 등장과 역할을 설명하는 것은 꽤 매력적인 해석이었습니다. 1971년 저도 그러한 해석의 유혹에 멋지게 넘어갔지요.[16] 돌이켜보면, 저는 성자의 제자들이 독자를 위해 정교하게 세워놓은 해석의 덫에 빠졌습니다. 수많은 「생애」는 성자를 중심으로 형성된 공동체의 위신과 재정을 뒷받침하려는 실질적인 목적을 지닌 기록이었습니다. 성자의 생생한 존재가 떠나가 버린 이상 그 목적을 이루는 건 결코 쉬운 일이 아니었지요.

「생애」는 이 목적을 이루기 위해, 성자를 둘러싼 선물 교환gift exchange의 한쪽 측면 곧 외부 세계로부터 흘러들어온 끊임없는 선물과 호의라는 흐름을 삭제했습니다. 이 흐름은 그의 위엄을 떠받치고 알리는 외적 장식 역할을 했지만, 때로는 그 거룩함마저 세속의 이해관계 속에 놓인 것처럼 보이게 하는 위험도 있었으니 말이지요.

대신 「생애」는 이 교환의 다른 측면을 강조했습니다. 양편을

---

[16] Peter Brown, 'The Rise and Function of the Holy Man', 91.

중재하는 일, 직언을 하는 일, 저주를 하는 일, 개인 혹은 공동체를 위해 기도하는 일 등 성자가 하는 모든 일은 성자를 향한 하느님의 은총 덕택인 것처럼, 성자에게 깃든 거룩함에서 자연스럽게 흘러나오는 것처럼 묘사했지요. 무중력 상태에서 움직이듯, 성자를 둘러싼 모든 일은 수월하게 이루어졌습니다.

작지만 의미심장한 사례 하나를 들어볼까요. 580년경, 안티오키아 외곽 "경이의 산"Mons Admirabilis(오늘날 튀르키예 사만다으('시메온 산'이라는 뜻))에 있던 소 시메온을 찾아간 사람들은 성인이 머물던 기둥 앞에 세워진 건물 단지를 보고 감탄했을 것입니다. 건물의 흔적은 아직도 남아 있는데, 기둥머리만 봐도 콘스탄티노폴리스에서 케르만샤로 이어지던 웅장하고 찬란한 공통 예술 양식이 서려 있음을 발견할 수 있지요. 그런 건물들은 값비싸기로 악명이 높았습니다. 그러나 시메온의 전기 작가는 이런 건물들을 짓는 데 비용이 하나도 들지 않았다고 주장했습니다. 시메온의 치유를 받은 이사우리아 석공들이 순전한 감사의 뜻에서, 자발적으로 지었다고 주장했지요.[17]

어떤 성자를 중심으로 한 정착지가 부유해졌을 때, 그 부는 일련의 특정 사건들을 통해 이루어진 것처럼 성자의 전기 작가

---

[17] P. van den Ven(ed.), 「소 시메온의 생애」, 96, *La vie ancienne de S. Syméon le jeune* (Brussels: Société des Bollandistes, 1962), 1:74~75. 이 이야기에 대해 판 덴펜은 회의적인 견해를 보이는데, 나도 동의한다. *La vie ancienne de S. Syméon le jeune*, 2.92-3. 또한, 다음을 참조하라. Wachtang Diobadze, *Archaeological Investigations in the Region West of Antioch-on-the-Orontes* (Wiesbaden: Otto Harrassowitz, 1986), 57~114.

들은 설명했습니다. 그 사건은 대체로 세상의 권세와 부를 대표하는 유력 인물들이 성자 앞에서 기적처럼 무릎을 꿇은 사건들이었지요. 성자의 정착지에 들어온 부는, 그 부의 최초 제공자가 성자에게 혼쭐이 났다는 극적인 이야기와 함께 제시됨으로써 정결한 부로 전환되었습니다.[18]

성자의 성공이 언제나 정결한 후원 덕분에 이루어졌다고 표현되기는 했지만, 성자가 실제로 중요한 인물이 된 이유는 단순히 그런 후원 때문만은 아닙니다. 이 장 마지막 부분에서는, 고대 후기 전기 작가들이 부여한 분명하고 유익한 측면보다는, 그로부터 더 멀리 떨어져 성자를 바라보도록 하겠습니다.

이렇게 보면 성자는 여러 지역에서 이교로부터 그리스도교로의 전환을 촉진한 인물이라 할 수 있습니다. 그리스도교 성자는 로마 제국 이후의 서유럽과 비잔티움 중동의 종교사를 통틀어 결정적인 순간에 등장했습니다. 승리자가 된 그리스도교 교회의 좁은 경계가 여전히 '거룩함'을 독점하지 못하고 있을 때, 성자는 실질적인 영적 힘을 발휘하는 존재로 대두했습니다.

성자들이 본격적으로 등장한 시기만 보아도 이를 알 수 있습니다. 첫 번째 장에서 살펴보았듯 그리스도교의 승리 서사는 시간 감각 자체를 없애는 경향이 있습니다. 신전 파괴, 설교자의

---

[18] 현대 이슬람 성자들의 부에 관해서도 비슷한 서사가 존재한다는 사실을 관찰해 낸 연구가 있다. Michael Gilsenan, *Recognizing Islam: Religion and Society in the Modern Arab World* (New York: Pantheon Books, 1982), 102~103.

도래, 교회나 수도원의 설립 같은 일들로 대표되는 승리가 즉각적으로 이루어진 것처럼 묘사했지요. 그러나 실제로 이 과정에는 오랜 기다림의 시간이 있었습니다. 지역 전체에 그리스도교 신앙이 스며들어야 했고, 공적으로 숭배되던 신들이 사라진 세계에 사람들이 적응해야 했습니다. 이교도와 그리스도교인 간의 혼인과 무역, 이주, 그리 인상 깊지 않거니와 의심만 잔뜩 샀던 순회 설교자들의 활동을 중심으로 일어난 만남도 마찬가지입니다. 그리스도교의 서사는 이런 과정을 의도적으로 간과했습니다. 우리가 '그리스도교화'라고 이야기하는 과정은 회색조의 현실에 이런 식으로 윤곽이 그려져 있던 상황에, 훗날 교회가 승인할 수 있는 서사라는 형형색색의 물감으로 덧입힌 경우가 많았습니다. 그리스도교 성자를 다룬 「생애」가 소중한 이유는, 저 회색조의 현실에 우리가 좀 더 가까이 다가갈 수 있게 해주는 얼마 안 되는 사료이기 때문입니다.

예를 들어 기둥 위의 행자 시메온과 같은 인물이 그 시기에, 시리아 북부에 등장한 것은 결코 우연이 아닙니다. 그 지역의 교회 조직은 이미 수 세대를 거쳐 확립되어 있었습니다. 이교 신전들도 이미 공식적으로 폐쇄된 지 20여 년이 넘은 상태였지요. 다만 옛 신들이 체면을 지키며 명예롭게 항복할 수 있도록 '교섭'할 수 있는, 강력한 형태의 지도력을 갖춘 인물이 등장하지 않았을 뿐입니다. 시메온은 바로 이 일을 수행했습니다.

그는 성스러운 돌들에 관한 옛 이교 전설과 자신을 연결하듯 돌기둥 위에 자리를 잡았습니다.[19] 그러고는 기둥 아래의 신성한 구역에서 퍼낸 흙으로 빚은 "흐나나"hnana('성인의 성지나 은둔 수도사의 거처 인근에서 나온 흙과 성유를 섞은 것)를 통한 축복처럼 평범하면서도 널리 알려진 축복을 베풀었습니다. 또한, 지역 교회 사제들을 통해 교회에 출석하던 회중을 모아 '대각성회'를 열기도 했지요. 이는 셰이크 바라카트 정상에 있던 고대 이교의 순례지에 정면으로 도전장을 내미는 것과 다를 바 없었습니다.

시메온이 세상을 떠난 뒤, 기둥 주변에는 온갖 화려한 건축물이 우후죽순처럼 들어섰지만, 오늘날 다나 평원을 내려다보는 젭엘 셈안을 지나는 여행자의 시선을 사로잡는 것은 비교적 낮은 지대에 있는 텔네신이 아니라, 다나 평원 위로 신성함을 간직한 채 우뚝 솟아 있는 셰이크 바라카트의 원뿔형 봉우리입니다. 바로 그 봉우리를 바라보며, 고대 이교 성지의 그림자 아래 자리를 잡은 채, 시메온은 여러 신의 항복을 교섭했습니다. 베두인 부족민들은 그 앞에서 그전까지 숭배하던 우상을 불태웠습니다.[20] 마을 전체가 그와 "계약"을 맺었습니다. 레바논 산중에 있던 어느 이교 마을은 시메온의 약속을 받았습니다. 그의 명령을 따라 들판 네 귀퉁이에 십자가를 새기거나 거룩한 흙으로 축성

---

[19] David Frankfurter, 'Stylites as Phallobates: Pillar Religions in Late Antique Syria', *Vigiliae Christianae* 44 (Leiden: Brill, 1990), 168~198.

[20] 키로스의 테오도레토스, 「수도승 이야기」, 26.13, *Patrologia Graeca* 82.1476B.

한 돌들을 가져다 두면, 그리고 신전과 집 안에 있는 우상들을 파괴하면 야생 동물로부터, 늑대인간과 게걸스러운 들쥐로부터 해를 입지 않을 것이라고 말이지요.[21]

성자들은 큰 어려움 없이 양보를 얻어낼 수 있었습니다. 원래라면 신전을 파괴하고, 공적 제의를 강제로 폐지하는 등 거친 방식으로 진행되었을 전환 과정에서 성자는 지역 사람들의 자발성과 동의를 끌어내는 요소가 되어 주었습니다. 강성한 인물 아트리페의 셰누테는 상부 이집트의 한 마을 스멘트의 주민들에게 "너희들이 모시는 신들은 사라질 것이다"라고 예언한 적이 있습니다. '그리스도교화 과정'이 어떤 것인지 익히 알고 있었던 주민들은 최악의 상황을 예상했습니다. "총독이 파견되어 우리를 억압할 것"이라고 말이지요.[22]

그러나 그들에게 온 인물은 아파 모이세스Apa Moyses였습니다. 물론 그는 폭력을 일삼았고, 신전들을 극적인 수준으로 파괴했습니다. 하지만 이를 오랜 세월 이어져 온 성스러움의 언어로 포장할 줄 알았지요. 그래서 마을 사람들은 이 패배를 단순한 파괴가 아니라 어떤 초자연적 질서 아래서 일어난 의미 있는 패배로 받아들일 수 있었습니다. 총독과 달리 모이세스에게는 초자연

---

[21] 「시리아어판 시메온의 생애」, 61, 63, *The Lives of Simeon Stylites* (Kalamazoo, MI: Cistercian Publications, 1992), 141 및 143, 그리고 22~3의 해설을 참조하라.

[22] Walter C. Till, *Koptische Heiligen-und Märtyrerlegenden*, pt. 2 (Rome: Pontificium Institutum Orientalium Studiorum, 1936), 65.

적인 것에 대한 감각이 있었습니다. 그리하여 그는 적어도 한동안은 지역의 옛 신들이 물러선 듯한 상황에서, 새로운 신의 길을 아는 권위자로 받아들여질 수 있었습니다.

훗날 유럽 선교사들과는 달리, 고대 후기와 중세 초의 그리스도교 성자들은 (중세 에티오피아의 성자들에 관한 캐플런Steven Kaplan의 연구에 나오는 표현에 따르면) "전통 신앙보다 우월한 힘의 대변자로 여겨졌으나, 전통 신앙과 전혀 다른 세계관이나 종교를 전달한다고 여겨지지는 않았"습니다.[23] 성령으로 충만했던 그들은 다른 그리스도교인들보다 훨씬 생생하게 자신에게 하늘의 권세 전체가 함께한다고 확신했습니다. 그리고 그 권세와 동맹을 맺어 그들의 하느님, 그리스도의 권위를 끝까지 지켜내야 한다고 여겼지요. 성자들은 (이들을 연구하는 우리 대부분과는 달리) 영적 힘, 혹은 세력을 보고 알아차릴 수 있었습니다.

그들은 종종 위험할 정도로 이들과 가까운 거리에서 대결했습니다. 유명한 성자의 「생애」에서 지역 마술사와의 긴장감 넘치는 대결은 거의 필수적으로 나타나는 요소입니다.[24] 심지어 둘은 적대자이기보다는 일종의 쌍둥이처럼 보이기까지 하지요. 종교사가들이 혼합주의syncretism라고 부르고, 교회사가들이 '반이교

---

[23] Steven Kaplan, *The Monastic Holy Man and the Evangelization of Early Solomonic Ethiopia* (Wiesbaden: Franz Steiner Verlag, 1984), 115.

[24] 「시케온의 테오도로스의 생애」, 37~8, *Vie de Théodore de Sykéon* (Brussels: Société des Bollandistes, 1970), 32~34.

주의'semi-paganism라며 폄하한 현상들은 그 말들이 암시하듯 아무런 생각 없이 이루어진 과정이 결코 아니었습니다. 고대 후기 이교도들은 단순히 이름만 바꾼 채 옛 신앙을 그대로 반복하는 수동적인 존재들이 아니었습니다. 그들은 민감했고, 눈에 보이지 않는 힘들이 움직이는 우주, '문두스'에 대한 강한 믿음을 가지고 살았습니다.

이교인들은 고집 센 브리콜뢰르bricoleur('클로드 레비스트로스Claude Lévi-Strauss가 『야생의 사고』La Pensée sauvage에서 제시한 개념으로 주어진 자원, 전통을 가지고 새로운 무언가를 만들어 내는 사람을 뜻한다)였고, 체계를 분해하고, 재조립하고, 조작하는 이들이었습니다. 그들은 자신의 종교 체계를 더 풍요롭게 하기 위해 그리스도교 신앙과 실천을 "떼어 내" 쓸 준비가 되어 있었습니다.

어떤 성자 곁에 가까이 다가갔을 때 우리는 그의 명성을 중심으로 형성된 주변의 그늘에서 활발한 종교적 실험의 세계를 마주하게 됩니다. 비록 출처가 불분명하고 그리스도교 측 기록에서는 정통 신앙을 흉내 내거나 모방하거나 도용하는 '경쟁자들의 작업'으로 폄하하더라도, 실제로 이 실험을 통해 이교도들은 그리스도교 성자의 사상 세계에서 유래한 핵심 요소들을 흡수했습니다.

한 가지 예를 들어볼까요. 오늘날 프랑스 베리 지역 네리에서 있었던 일입니다. 흑사병이 창궐하던 571년, 파트로클루스Patroclus는 레우벨라Leubella라는 한 여성과 마주했습니다. 레우벨라는 자신이 "마르티누스 성인으로 위장해 나타난" 악마에게서 치유의 징표를 받았다고 주장했지요. 그녀에 따르면 악마는 "물건들을 팔며 말하길 이것들이 사람들을 구할 것이라고" 했습니다. 파트로클루스도 위기 상황에서 이런 초자연적 해법을 제시해야 할지 고민하고 있었습니다. 언덕에서 내려가 기적을 베풀며 사람들을 구하려는 유혹에 거의 넘어갈 뻔했지요. 그렇게 세상으로 돌아가려던 그는, 세상의 "가증한 것들"에 관한 환상을 본 뒤 독방으로 돌아갔고, 그곳에서 신비한 물건, "주님의 십자가 표식이 있던 타일"을 발견했습니다. 그 타일, 참된 하느님이 주신 물건은 레우벨라가 받은 물건과 완전히 똑같은 모습을 하고 있었습니다.[25]

이러한 상황 가운데 고대 후기 성인 전기의 주요 과업이 극도의 모호함과 불확실성으로 가득한 이 초자연적 세계에 질서를 부여하는 것이었다는 사실은 그리 놀랍지 않습니다. 세상은 너무나도 다양한 방식으로 드러나는 성스러움의 의미를 두고 갈팡질팡했고 이를 해석하기 위해 온갖 종교 실험을 벌이고 있었습니다. 이러한 면에서 그리스도교 성자들의 생애에 나오는 많은 사건이 정형화되어 있고, 반복해서 등장한다는 점을 곱씹어 보아야 합니다. 사회적 기억이 작동하는 방식을 다룬 어느 연구에 따르면, 반복해서 전승되는 이야기들은 "우리가 현실을 해석할

---

[25] 투르의 그레고리우스, 「교부들의 생애」 9.2.

때 따르게 되는 설명 틀, 즉 예비 해석 구조를 형성"합니다.[26] 서로 다른 집단들이 현실을 각기 해석하던 세계에서, 그리스도교 성인전에 반복해 등장하는 중심 서사들은 그리스도교 고유의 공통 감각 형성에 중요한 역할을 했습니다. 그들은 다양하기 그지없는 성스러움의 양상들을 그리스도교 언어로 짠 섬세한 그물망으로 걸러냈습니다.

신분과 문화 수준을 막론하고, 고대 후기 사람들은 서로 충돌하는, 수많은 "사상 세계"thought-worlds에 살고 있었습니다.[27] 그래서 한 사람 안에 서로 배타적일 수 있는 설명 체계들이 공존할 때도 있었지요. 수도사 이베리아의 페트레Peter the Iberian를 따뜻하게 맞아들인 어느 명망 있는 이집트인의 예를 봅시다. 당시 기준으로 그는 훌륭한 그리스도교인이었습니다. 하지만 그러면서도 "이교 철학자들의 오류에 빠져 있었고, 그들의 사상에 크게 매료"되어 있었지요.[28] 언젠가는 마술사를 불러 딸을 치료해 달라고 부탁한 적도 있습니다.

---

[26] James Fentress, Chris Wickham, *Social Memory* (Oxford: Blackwell, 1992), 51.

[27] Gilbert Dagron, 'Le saint, le savant, l'astrologue', *Hagiographie, cultures et sociétés* (Paris: Éditions du Centre National de la Recherche Scientifique, 1981), 143~156. 그리고 다음을 참조하라. Vincent Déroche, 'Pourquoi écrivait-on des recueils de miracles? L'exemple des miracles de Saint Artémios', *Les saints et leurs sanctuaires: textes, images, et monuments, Byzantina Sorbonensia* 11 (Paris: De Boccard, 1993), 95~116.

[28] Rudolf Raabe(ed.), *Dialogus de vita sancti Patris nostri Petri Iberi* (Leipzig: J. C. Hinrichs, 1895), 72.

설명 체계들은 단순히 공존하기만 한 것이 아니라, 협력하기도 했습니다. 이를테면 알렉산드리아의 어떤 유지는 성 키로스와 성 요안네스의 성소에 다녀왔습니다. 성인의 손길을 받아 병을 고치기 위함이었지요. 그런데 사실 그의 발걸음을 성소로 이끌었던 결정적인 계기는 그가 본 점괘였습니다.[29]

실제 성자는 전기 작가들이 묘사한 만큼 설명 체계를 깔끔하게 구분하지 않았습니다. 오히려 그들이 종교 전환의 촉진자로 효과를 발휘한 중요한 이유는 사람들에게 서로 충돌하는 여러 설명 체계를 포용하고 정당화할 수 있다는 믿음을 일으켰기 때문이었지요. 성자를 추종하던 이들은 성자가 성스러운 것이 나타나는 모든 방식을 잘 알고 있다고 생각했습니다. 그렇기에 성자는 그들의 기대에 부응해 그리스도교 방식의 기도에 그치지 않고 더 광범위한 활동(그리스도교의 범주를 넘어선 종교 실천)에 나서야 했습니다. 이러한 맥락에서 존경받는 그리스도교 성인은, 세상에 드러나는 초자연적 사건들이 어떤 원리로 작동하는지를 두고 여러 종교 전문가가 오랜 시간 논의하고 해석해 온 그 자리에 최종 해석을 내릴 만한 권위가 있는 인물이었습니다.

시메온의 테오도로스Theodore of Symeon가 태어날 때, 어머니 마리아는 찬란한 별이 자궁으로 내려오는 꿈을 꾸었습니다. (황제 앞에서 낙타 곡예를 하던) 연인은 이를 듣고는 마리아가 아들을 낳

---

[29] 「성 키로스와 성 요안네스의 기적」, 28, *Patrologia Graeca*, 87.1733A.

을 것이고, 아들은 자라서 주교가 될 것이라고 말하며 기뻐했습니다. 이후 마리아는 미래를 내다보는 인물이었던 이웃 마을의 성자를 찾아갔습니다. 성자도 그 해석에 동의하며 말했습니다.

> 환상 해석에 능한 이들은 꿈에 나오는 별이 황제의 존엄을 상징한다고들 하지만, 당신의 경우는 다를 수도 있습니다.

마리아는 아나스타시오폴리스의 주교도 찾아갔고, 주교는 "하느님이 주신 영감으로" 같은 해석을 내놓았습니다.[30] 예언대로 테오도로스는 자라서 주교이자 성자가 되었습니다. 하느님의 자비를 대표하는 인물로서 그는 실질적인 유익을 주는 모든 지식을 섭렵하고 공인했습니다.

> 누군가가 어떤 병으로 인해 의료 행위나 수술, 정화용 물약이나 온천이 필요하다면, 하느님의 영감을 받은 이 사람은 그에게 가장 적합한 방법을 처방해 주곤 했다. 심지어 성자는 기술적인 부분에서도 노련한 의사가 되었다. ... 그래서 언제나 어떤 의사를 찾아가야 할지 분명하게 알려주곤 했다."[31]

---

[30] 「시케온의 테오도로스의 생애」, 4, *Vie de Théodore de Syéon* (Brussels: Société des Bollandistes, 1970), 4. 영역은 다음을 참조하라. Elizabeth Dawes, Norman H. Baynes(trans), *Three Byzantine Saints* (Oxford: Blackwell, 1948), 88~89.

[31] 「시케온의 테오도로스의 생애」, 145, *Vie de Théodore de Sykeon*, 114.

정보는 성자에게서 사람들에게 일방적으로 전달되지 않았습니다. 7세기 초, 살라미스의 에피파니오스Epiphanius of Salamis의 성소에 모여든 병자들의 무리를 본 어느 "철학자"는 그들 대부분이 식습관만 조금 바꾸어도 나을 것이라고 그곳 주교에게 조언했습니다. 사람들로 가득한 치료처의 성공을 바라던 주교는 이에 동의했고, 철학자가 제시한 치료법은 놀라운 효과를 냈습니다.[32]

로마 시대 후기를 살아가던 사람들은 서로 충돌하고 경쟁하는 설명 체계들 사이 틈새에서 상당한 자유를 누렸습니다. 때로는 공동체 전체가 어떤 초자연적 현상의 의미를 판단해야 했던 순간도 있었지요. 420년 타라고나에서 주술 혐의를 받은 수도사 프론토가 지역 유력 가문 및 성직자들과 대립하던 현장을 봅시다. 지역의 방백 아스테리우스의 하인 하나가 무장한 수행원과 함께 사람들로 가득 차 있던 교회당에 난입해서는 그를 가리키며 포효했습니다. "저 개자식을 넘기시오. 저 자식을 참하여 개소리를 멈추게 하겠소." 그날 저녁, 하인은 갑자기 쓰러져 그대로 죽고 말았습니다.

> 이 일이 일어나자, 모든 신자는 이 강력한 표징에 크게 두려워하며 나를 공격하지 않았다. 하지만 내 적들과 방백의 온 집안 사람은 더 큰 증오로 광분하여 내가 마치 흉악한 저주로 사람

---

[32] 시나이의 아나스타시오스, 「문제」, 94, *Patrologia Graeca*, 89.1733A.

을 죽인 살인자인 양 나를 처벌해야 한다고 했다. 한편, 몇몇 불신자들은 이 일이 순전히 우연히 일어났다고 말했다.[33]

이처럼 모호하고 혼란스러운 상황은 당시로서는 그리 놀랄 일이 아니었습니다. 많은 그리스도교인에게 성스러움은 여전히 정체를 알 수 없는, 모호한 것이었습니다. 사람들은 언제나 미망에 빠질 수 있었습니다. 사막 교부들은 인간의 의식은 변화되지 않는 한 악령의 환상에 쉽게 휘말릴 수 있다고 강조했습니다. 악령들은 망상을 지배했습니다. 바르사누피오스는 어느 평신도에게 악령들은 꿈에서 성자의 모습을 하고 나타날 수 있다고 말했습니다. 평신도가 근심하자 그럴 때면 그가 십자 성호를 하는지 유심히 보라고 조언했습니다. 악령은 십자 성호는 흉내 낼 수 없다는 이유에서였지요.[34]

당시 경건한 그리스도교인들의 눈에 비친 세계는 악령들의 권세, 그리고 점점 짙어지는 적그리스도의 그림자 아래, 그 어스름 손에 하릴없이 갇혀 있었습니다. 그러한 가운데 거룩함과 망상을 구분하기란 거의 불가능했습니다. 430년 카르타고에서는 어느 수도사가 나타나서는 병자들에게 순교자의 유골을 섞은 기

---

[33] 아우구스티누스, 「편지」, 11(수정 판본), 13, *Bibliothèque Augustinienne* 46B (Paris: Institut des Études Augustiniennes, 1987), 206~208.

[34] 바르사누피오스, 「편지」, 416, *Barsanuphe et Jean de Gaza: Correspondance*, 290.

름을 발라주었습니다.

> 그는 환각을 일으켜 맹인과 불구자를 미혹했다. ... 그들은 자신들이 다시 볼 수 있고 걸을 수 있다고 생각했다. 그러나 그가 발길을 돌리면, 사라졌다고 믿었던 질환이 그대로 남아 있었다.[35]

수도사는 황급히 도시를 떠났습니다. 그런데 불과 한 세대 뒤, 시리아의 은둔 수도사 다니엘Daniel은 카르타고의 수도사와 유사하게 '성인의 기름'으로 사람들을 치유했습니다. 그리고 콘스탄티노폴리스에서 북쪽으로 얼마 떨어지지 않은, (오늘날 아르나부트쾨이와 루멜리히사르에 해당하는) 보스포루스 해협 건너편 붐비는 항로 곁의 한 기둥 위에 자리를 잡고 널리 이름을 떨쳤지요.[36]

이렇듯 모호함에 시달리던 상황 속에서 그리스도교 신앙은 평온해 보이는 시기에조차 흔들림 없는 확신을 보장해 주지 않았습니다. 상황이 위기로 치달을 때면 그리스도교의 설명 체계는 사상누각처럼 무너져 내렸습니다. 흑사병과 같은 대재앙이 들이닥치면 성자와 기도, 중재도 압도적인 현실 앞에 묻혀버렸

---

[35] 쿼드불트데우스, 「하느님의 약속과 예언」, vi. II, *Sources Chrétiennes* 102 (Paris: Cerf, 1964), 608~10.

[36] 「다니엘의 생애」, 29. 그리고 다음을 보라. André-Jean Festugière, *Les moines d'Orient* (Paris: Éditions du Seuil, 1961), II, 111, 각주 41.

지요. 성 레미기우스Remigius의 무덤에서 나온 옷자락을 가마에 실어 도시 외곽을 돌자 흑사병이 도시를 비껴갔다는 이야기는 사람들을 안심시켰지만, 그건 어디까지나 운이 좋았던 사례였습니다. 지중해에서 멀리 떨어진 지역에서는 변덕스러운 병의 확산 경로에도 불구하고 기존의 그리스도교 서사로 해석될 수 있었습니다. 하지만 542년 지중해 동부를 흑사병이 강타하자 사람들이 보인 반응은 달랐습니다. 그들은 성자를 찾으며 기도하지 않았습니다. 팔레스티나에서는 악령이 천사의 모습을 하고 나타나 도시의 주민들에게 과거에 하던 대로 청동 신상을 숭배해야 한다고 사람들을 부추겼습니다. "집 바깥으로 항아리를 내던지면 감염병이 도시를 떠날 것이다"라는 소문이 돌던 지역도 있었습니다. 사람들은 이 소문을 실제로 행동으로 옮겼고 수많은 창문에서 그릇이 떨어지는 바람에 거리를 걷기조차 위험해질 정도가 되기도 했지요.[37]

이런 기록을 읽다 보면, 우리는 후기 로마 사회에서 그리스도교 성자들이 실제로 차지하고 있던 공적 영향력은 생각보다 제한적이었다는 사실을 깨닫게 됩니다. 성자를 통해 세상에 드러난 그리스도교의 성덕은 마치 순금처럼 찬란해 보였습니다. 하지만 그 순금은 여전히 기도와 성유, 징조와 기억에 의존해 삶의 고통과 의문을 다루던, 일종의 초자연적 생계 경제라 부를 만한

---

[37] 「무명 위디오니시오스 연대기」, 64~5, 85.

전통 속에서 유통되고 있었습니다.

한 가지 사례를 들어볼까요. 5세기와 6세기 동로마 제국을 뒤흔든 여러 신학 논쟁에서 그리스도교 성자들은 지역 여론을 한쪽 편으로 끌어당기는 데 중요한 역할을 했습니다. 다수의 유력한 평신도들이 자신이 따르는 성자, 즉 "축복의" 손을 지닌 이들이 베푸는 성찬에만 참여할 정도로 그들의 영향력은 뚜렷했습니다.[38]

그러나 성자들의 신학 견해는 정작 전문가들 사이에서는 별다른 영향력을 발휘하지 못했습니다. 이를테면 성자 키프로스의 스피리디온Spyridion of Cyprus에게서 유래했다고 여겨지던 신학 주장에 대해 위대한 단성론파 신학자 안티오키아의 세베로스Severus of Antioch⁺는 스피리디온이 "치유의 은사"는 받았을지 모르나 "지혜의 은사"까지 받지는 못했다고 신랄하게 평했습니다.[39]

당시 사회는 '성스러움'이라는 것이 매우 모호하며, 복잡한 세계에서 성스러움이 미치는 범위에도 분명한 한계가 있음을 알고 있었습니다. 그렇기에 그리스도교 성자들에 대해 성인전이 묘사하는 것보다 훨씬 더 신중하고, 회의적인 태도로 접근했지요. 물론 일단 그들을 신뢰하게 되면, 사람들은 매우 독특한 형

---

[38] 요안네스 루포스, 「플레로포리아」, 22, 33, *Patrologia Orientalis*, 8, 40, 75.

[39] 안티오키아의 세베로스, 「불경한 문법학자 반박」, III.9, *Corpus Scriptorum Christianorum Orientalium*, 102, Script. Syri 51 (Louvain: Peeters, 1952), 181.

태로 초자연적 세계를 상상하게 되었습니다. 성자는 하느님의 '종'이자, 다른 이들을 대신해 하느님에게 간구를 올리는 두호인이었습니다.

성자의 모든 활동은 세상에 일어나는 모든 일이 서로 충돌하는 의지의 산물이라는 생각(그리고 그 충돌의 한복판에는, 특히 악마의 집요한 시기가 놓여 있다는 생각), 모든 의지가 만물의 주권자인 하느님의 뜻어 복종할 때 참된 질서가 이루어질 수 있다는 믿음을 전제로 삼고 있었습니다.

성자들이 하느님과 맺는 관계는 아들과 아버지, 오랜 친구, 심지어 연인과 같이 매우 친밀했을 것입니다. 그러나 우리에게 전해진 기록들에서는 성자의 공적 정체성을 '궁정의 신하', 혹은 사람들을 위해 간구하는 두호인, 혹은 중재자로 묘사하는 경우가 압도적으로 많지요. 이런 모습은 단순히 후기 로마 제국의 궁정 사회에서 보이던 두호의 관계망을 하늘 세계에 그대로 투사한 결과만은 아니었습니다. 보이지 않는 세계, 초자연의 세계에 대한 그러한 이해는 당시 사람들 앞에 놓여 있던 다양한 종교 전통 가운데 하나를 의식적으로 선택한 결과였습니다. 물론, 초자연의 세계가 언제나 로마의 두호와 피호 관계처럼 작동하지는 않았습니다.

370년 알렉산드리아의 아타나시오스 Athanasius of Alexandria[+]는 순교자의 성지에서 기도하는 그리스도교인들은 당연히 예지몽의 은사를 받을 수 있다고 썼습니다. 하지만 그런 은사를 어떻게 받느냐가 중요했습니다. 당시 이집트의 많은 그리스도교인은 순교자를 하늘 아래에서 배회하는 악령들을 죽음으로 물리친 '불굴의 영웅'으로 여겼고, 신자가 기도하면 순교자가 저 악령들을 심문해 미래에 관한 지식을 얻어낼 수 있다고 믿었습니다. 이는 높은 신들이 낮은 신들을 괴롭히고 위협하던, 이집트의 오랜 종교 전통과 맞닿아 있었지요. 그러나 아타나시오스는 그런 것이 아니라고, 예지몽을 선사하는 분은 하느님이시며, 순교자들은 일종의 "사절"etreupresbeue 역할을 하는 것이라고 이야기했습니다. 신자들의 기도를 하느님의 궁정에 올린다는 것이지요.[40]

하느님과 인간의 관계를 두호와 피호 관계에 빗대어 설명하는 방식은 이 시기 가장 널리 쓰이는 틀이 되었지만, 언제나 그에 걸맞은 세심한 조율이 필요했습니다. 보이지 않는 세계에 보이는 사회의 질서를 투영하려는 시도에는 근본적인 한계가 있었기 때문이지요. 실제로 이집트의 어느 주교는 이런 식의 상상을 하는 단순한 신자들을 공개적으로 비판하기도 했습니다. 이 신자들은 초자연의 세계를 제국으로 이해했습니다. 대천사 미카엘을 창조의 시작부터 하느님의 뜻을 수행해 온 존재로 보기보다는, 하늘 궁정에서 반란을 일으켜 기존의 권력자였던 사탄을 몰아내고 새롭게 권력을 잡은 존재처럼 여겼습니다. 그래서 미카

---

[40] 아타나시오스, 「축일 서간집」, *Corpus Scriptorum Christianorum Orientalium* 150/151, *Scriptores Coptici* 19/20 (Louvain: Peeters, 1955), 65/45~47.

엘은 자신의 축일에 옛 로마 집정관이 그랬듯 치유의 복을 백성에게 베풀 거라고 믿었지요. 그날 그가 하느님에게 정식 임명장을 받은 날이라고 상상했던 것입니다.[41]

이처럼 천상의 궁정에서 이루어지는 중재 모형은 자유로운 의지들이 서로 충돌하고 상호작용한다는 생각을 전제했습니다. 이 틀은 차갑고 비인격적으로 굳어질 수 있는 우주, '코스모스'에 자비의 숨결을 불어넣었지요. 자유라는 관념이 강조되면서 자연스럽게 죄의 관념도 따라왔습니다. 그러한 면에서 성자는 하느님의 총애를 받는 신하뿐 아니라 회개를 전하는 설교자이기도 했습니다. 건강의 급격한 변화, 날씨의 돌연한 변동, 금과 보화, 의복과 토지, 심지어 어린아이들까지도 '세상'world에서 성자와 연결된 수도 공동체로 이동하는 일련의 현상들을 당대 사람들은 가장 놀라운 전환이자 진정한 단절의 징표로, 곧 죄에 물든 인간이 회개의 마음을 품게 되었다는 확실한 증거로 여겼습니다.

위대한 성자들의 「생애」가 담고 있는 기본적인 그리스도교 서사는 이러한 관점을 분명하게 드러냅니다. 그리고 이는 동시대 널리 퍼져 있던 성스러움의 관념과는 일치하지 않았습니다. 신의 뜻을 중재하거나 세상의 질서를 회복시키는 방식은 그리스

---

[41] Alphonse van Lantschoot, 'Fragments d'une homélie copte de Jean de Parallos', *Studi e Testi* 121 (Vatican City: Biblioteca Apostolica Vaticana, 1946), 296~326.

도교의 성자들만이 보여 준 것은 아니었습니다. 이를테면 5세기 중반 무렵, 가뭄이 아테네를 덮치자 위대한 이교 철학자 프로클로스Proclus가 일어나 비를 불러일으켰습니다. 현자가 도시를 내려다보며 신성한 악기를 흔들자, 악기는 황소의 울부짖음과 같은 신비로운 소리로 윙윙대며 불타는 원소들을 조화로운 음조로 되돌려 놓았습니다. 이미 반쯤 신격화된 존재나 다름없던 프로클로스의 영혼은 이 의식을 통해 고요하고 태초부터 이어져 온 통치 질서에 스며들었습니다. 이 질서 아래서, 우주의 일부를 맡은 영적 존재들은 프로클로스가 사랑한 아티카의 맑고 감미로운 공기를 돌보며 질서를 유지했습니다.[42] 이러한 맥락에서 의식에 참여하는 순간, 프로클로스는 고대 신들의 자애로운 돌봄에 자신을 의탁했다고 할 수 있습니다. 하늘의 유일한 황제 앞에 신하나 죄인으로서 무릎 꿇은 것이 아니었지요.

불과 수십 년 전, 예루살렘 지역에도 가뭄이 닥친 적이 있었습니다. 그리스도교인 마을 주민들은 행렬을 지어 십자가를 들고는 "주님, 자비 베푸소서"를 노래하며, 대大 에우티미오스Euthymius the Great[+]의 수도원으로 모여들었습니다. 그들은 그곳에서 프로클로스의 우주관과는 전혀 다른 우주관을 접하게 됩니다.

---

[42] 마리노스, 「프로클로스의 생애」, 28.

이우티미오스는 말했다. "우리를 빚으신 하느님은 선하시고 인자하시며, 그분의 자비는 모든 피조물에게 닿습니다. 그러나 우리의 죄가 우리와 그분 사이를 가로막고 있습니다. … 그리하여 하느님은 진노로 우리를 징계하시니, 우리가 훈계를 받고, 참회함으로 더 나은 존재가 되어, 경외함으로 그분께 나아가면, 그분도 우리의 부르짖음을 들으실 것입니다." 이 말을 들은 사람들은 한목소리로 외쳤다. "존경하는 어르신이여, 우리를 대신해 하느님께 간구해 주십시오." 그러자 에우티미오스는 아무런 말 없이 기도실에 들어가 땅에 엎드리고는 눈물을 흘리며 하느님께 자비를 구했다. 그가 기도하는 동안 남풍이 불어오고 하늘은 먹구름으로 가득 찼으며 폭우와 함께 커다란 돌풍이 몰아쳤다.[43]

중재의 현장은 실로 극적이었습니다. 하지만 그리스도교 성자들에게 사람들이 걸던 기대는 여기서 멈추지 않았지요. 죄, 고통, 회개라는 표준적인 그리스도교 서사 뒤에는 더 깊은 전망, 잃어버린 낙원의 회복이라는 심상이 있었습니다. 그렇기에 성자는 하느님께 사람들의 기도를 전하는 중재자에 그치지 않았습니다. 사람들은 그를 타락 이전의 온전한 질서가 회복된 세계 전체를 잠시나마 드러내는 존재로 보았습니다. 동방 그리스도교 세계

---

[43] 스키토폴리스의 키릴로스, 「에우티미오스의 생애」, 25, *Lives of the Monks of Palestine* (Kalamazoo, MI: Cistercian Publications, 1991), 34~35.

에서, 그리고 덜 하지만 서방 그리스도교 세계에서도 성자는 광야에서의 긴 고행을 거쳐 인류가 정착해 살아가는 세계에 아담의 충만함을 다시 품고 돌아온 사람이었습니다.[44] 성자 주변에서는 자연의 거대하고 대립하는 범주들이 제 자리를 찾았습니다. 텔네신의 기둥 위에서 기도하며 하느님의 궁정 앞에 선 시메온의 인격에서는 하나의 질서가 빛처럼 흘러나왔고, 그 질서는 기둥과 이를 둘러싼 성스러운 공간 전체로 스며들었습니다. 중동 전역에서 문명사회를 가능케 했던 근본적인 경계들이 재현되었습니다. 마치 하나의 소우주처럼 말이지요.[45] 시메온이 있던 기둥 아래 봉헌물ex-voto로 놓여 있던 박제된 사슴, 사자, 뱀은 인간 세계와 동물 세계의 질서가 성자의 이름으로 치유되었음을 보여주는 징표였습니다.[46] 텔네신에서 멀리 떨어진 레바논 산악 마을에서는 시메온의 이름으로 십자가를 세웠습니다. 마을 사람들은 시메온의 축복을 받은 그 십자가가 정착지를 침범하는 야생 숲이라는 혼란으로부터 지켜준다고 여겼습니다.

성별도 엄격하게 분리되어야 했습니다. 전기에 따르면 기둥 아래 여성 구역에는 커다란 암컷 뱀 한 마리가 똬리를 틀고 있었는데, 시메온을 찾아온 예멘인 샤이크의 다섯 아내와 함께 축복

---

[44] Bernard Flusin, *Miracle et histoire dans l'œuvre de Cyrille de Scythopolis* (Paris: Beauchesne, 1983), 126~128.

[45] Robert Doran, *Lives of Symeon Stylites*, 43~5.

[46] 「시리아어판 시메온의 생애」, 15, *Vita Symeonis auctore Antiocheno*, Appendix 21, *The Lives of Simeon Stylites*, 93, 225.

받은 흐나나를 점잖게 받았습니다. 그러나 시메온에게 직접 받지 않고, 동반자 수컷 뱀의 입을 통해 받았지요.[47]

시리아 그리스도교 전통에서 시메온은 철저한 '복고주의자'revivalist였습니다. 시리아 전통은 우주의 질서를 중시했고, 따라서 성별의 엄격한 분리를 강조했습니다. 그러나 아담의 충만함을 간직한 성자는 당대인들의 정신에 깊이 새겨져 있는 경계들을 강화하는 만큼이나 이를 넘어설 수도 있다고 여겨졌지요. 성별의 경계조차, 성자의 손길이 닿으면 열릴 수 있었습니다.

531~532년경, 성자 사바스Sabas가 스키토폴리스를 지나가던 중 큰길 주랑에서 한 걸인 여성을 보았습니다. 그녀는 멈추지 않는 생리혈로 인해 다른 걸인들에게까지 버림받고 홀로 누워 있었습니다.

> 그는 주랑에 있던 여인에게 다가가서는 말했다. … "나의 손을 당신에게 건넵니다. 내가 섬기는 하느님이 당신을 고쳐주실 것이라고 믿습니다." 여인이 성인의 손을 잡고 음부에 대자, 즉시 출혈이 멈췄다.[48]

---

[47] 「시리아어판 시메온의 생애」, 79. *Vita Symeonis auctore Antiocheno*, Appendix 25, *The Lives of Simeon Stylites*, 161, 227.

[48] 스키토폴리스의 키릴로스, 「사바스의 생애」 62, *Lives of the monks of Palestine*, 173.

이처럼, 성자들은 수도 문헌들이 악담해 마지않던 '세상' 그 자체, 어둡고 '혐오스러운 것'을 치유했습니다. 이러한 의미에서, 성자는 참으로 "천사 같은" 존재였습니다. 지고한 천사처럼, 성자는 기도하러 온 사람들의 고통과 간절한 요청을 들으면서도 눈을 들어, 생명의 가능성으로 넘쳐나는 풍요로운 대지를 바라보았습니다. 그는 그저 자신을 에워싼 중생을 두호하는 인물이 아니었습니다. 그는 하느님 앞에서 모든 피조물을 책임졌습니다. 성자 셰누테는 느릿하게 흐르던 나일강을 휘저어 이집트 땅에 생명을 불어넣었습니다. 단순히 하느님의 총애를 받는 신하가 아니라, 고대로부터 내려오는 신성과 조화의 원리를 따라, 자신이 은둔하는 곳인 백색 수도원 주변 사막에 눈물이라는 생명의 액체를 뿌림으로써 말이지요.[49]

이 시대 그리스도교 성자들이 명성을 얻은 이유는 고대 후기 그리스도교 특유의 극도의 엄격함과 세상을 부인하는 태도 때문이었습니다. 성자에게 다가간 사람들, 성자의 삶을 기억하던 사람들은 그가 대체로 수직적이고 두호 관계로 얽혀 있던 후기 로마 제국 당시의 사회 구조를 영적 세계에 반영하며 하늘과 자신들을 중재해 줄 것이라고 기대했습니다. 하지만 그리스도교 성자들은 기도를 통해 강력한 천사들과 함께 활동하면서 '문두스',

---

[49] 베자, 「셰누테의 생애」 102~105, *The Life of Shenoute* (Kalamazoo, MI: Cistercian Publications, 1983). 그리고 다음을 참조하라. Françoise Thélamon, *Païens et chrétiens* (Paris: Éditions du Seuil, 1981), 283.

물질세계 자체를 끌어안았습니다. 그리스도교에 바탕을 둔 상상력을 통해 이 세상을 하느님의 피조물로 품은 것입니다. 이러한 성자들의 역할은 단지 그 사회의 관계망을 확대한 것이라 할 수 없습니다. 오히려 하느님은 당신이 창조하신 세상을 사랑하신다는 고백에 부합하는 모습이었지요. 땅의 압도적인 지배력 아래 떨면서도 그 품에 의지해 살 수밖에 없던 농업 사회가 품고 있던 끈질긴 희망에 더 깊이 호응하는 모습이기도 했습니다. 다른 이들을 위해 기도하며 그리스도교 성자들은 미카엘 대천사와 함께 세상의 모든 것을 자비롭게 바라보고 하느님 앞에 그 모든 것을 내려놓았습니다.

> 우리 손으로 하는 고된 일, 묵묵히 들판을 일구는 황소와 자라는 어린 양, 양털과 염소의 젖, 들판에서 익어가는 모든 열매, 포도나무와 알알이 박힌 포도들, 올리브의 기름짐과 풍미, 축복으로 자녀를 낳는 성스러운 결혼, 악한 자를 멸하고 평화를 세우며 의로운 자를 구하는 전쟁, 함께 살아가는 형제들의 연합과 지친 이들에게 하느님께서 힘을 더해주시는 순간까지.[50]

---

[50] Ernest A. Wallis Budge(trans.), 'Discourse on the Compassion of God and of the Archangel Michael', *Coptic Texts in the Dialect of Upper Egypt* (London: British Museum, 1915), 751~758.

이처럼 고대 후기 그리스도교 성자들은 하늘과 땅의 간극을 연결하는 기도의 가교가 들어설 수 있는 상상 세계를 마련하는 데 크게 이바지했습니다. 그리하여 마침내 그리스도교가 (이슬람교가 등장하기 전 짧은 시간 동안이나마) 유럽과 중동 대부분 지역에서 진정한 보편 종교가 되는 데 핵심적인 역할을 했습니다.

부록

배우는 삶

    1988년, 친구이자 스승이었던 아르날도 모밀리아노Arnaldo Momigliano⁺의 부고를 써야 하는 슬픈 과제를 맡았던 기억이 납니다. 그 일을 제대로 해내기 위해, 저는 1920~30년대 그가 젊은 시절을 보낸 이탈리아의 지성계를 다시 공부해야 했지요. 그 과정에서 당시 이탈리아 역사학계에 커다란 영향을 끼친 위대한 나폴리 철학자- 베네데토 크로체Benedetto Croce의 삶과 사상을 들여다보게 되었습니다.

    크로체에 대해 동시대 사람이 쓴 짧은 회고록을 읽던 중 놀라운 구절이 눈에 들어왔습니다. 1900년 무렵, 크로체가 형이상학적 문제를 두고 동료 학자에게 결투를 신청했다는 내용이었지요. 저는 그다음 내용이 너무 궁금해 곧장 책장을 곧장 넘겼지만, 이와 관련된 내용은 더는 등장하지 않았습니다. 저자는 당시 나폴리 학계에서 그런 일은 흔히 일어나며 별다른 해설을 하지 않아도 독자들이 충분히 이해할 거라 여겼던 것 같습니다. 결투를 신청했다는 문장은 아무런 설명도, 맥락도 없이 당연하다는 듯 그곳에 적혀 있었습니다. 마치 어느 고대 연대기에서 "이 해에는 하늘에 용이 나타났다"고 아무렇지 않게 쓰여 있듯 말이지요.

당혹감과 동시에 저는 한 가지 사실을 분명하게 깨달았습니다. 모밀리아노는 분명 저와 친한 사람이었지만, 그가 자란 세계의 인물들(다른 누구보다 크로체)은 제게는 고대의 메로빙거 왕조 인물들처럼 멀고 낯설게 느껴진다는 것을 말이지요. 모밀리아노는 1950년대 후반부터 영국을 자신의 조국으로 선택했습니다. 그 후 저는 그를 만나 알았고, 그를 사랑했습니다. 그러나 그의 부고를 쓰고 그의 또 다른 세계를 알게 되면서, 우리 사이에는 비로소 익숙함 너머에 자리한 낯섦, 거리감이 생겼습니다.

이윽고 저는 저 역시 누군가에게는 이해하기 어려운 과거의 인물, 메로빙거 왕조 사람처럼 보일 수 있겠다는 생각이 들었습니다. 멀리 갈 것도 없이 최근 제가 읽은 한 논문 초고가 그랬지요. 그 논문을 쓴 학생은 제가 영국에서 메리 더글라스Mary Douglas[+]가 진행한 수업을 듣고, 미국에서는 UC 버클리에서 미셸 푸코Michel Foucault가 진행하는 세미나에 참석한 뒤, 그 둘의 영향을 받아 고대 후기 연구를 진행했다고 자신감 있게 말했습니다. 하지만 이런 유명한 수업을 통해 학문이 전수되었다는 깔끔한 그림은 실제 현실과는 잘 들어맞지 않기 마련입니다. 사도 바울이 철학자 세네카에게 썼다거나, 소크라테스가 죽은 지 700년 뒤에 플로티누스에게 조언하며 남겼다는, 고대 후기에 만들어진 위작 편지들 같다고나 할까요.

사실을 말씀드리면, 메리 더글라스와의 인연은 수업이 아니라 1968년 어느 날 오후 런던 코먼웰스 클럽Commonwealth Club에서 차를 함께 마시며 시작되었습니다. 무척이나 강렬한 만남이었지요. 그 후 저는 욕조에 몸을 담글 때면 그녀의 저서 『순수와 위험』Purity and Danger을 읽곤 했습니다. 꽤 여러 날을요. 1960년대 옥스퍼드에서는 새로운 학문 논의를 받아들이는 장소가 꼭 강의실일 필요는 없었습니다. 욕조가 훨씬 더 좋은 공부 장소였지요. 얼마 지나지 않아, 옥스퍼드와 패딩턴 사이를 오가는 급행열차 안에서 저는 그녀의 또 다른 저서인 『자연 상징』Natural Symbols을 읽었습니다.

푸코 역시 마찬가지입니다. 제가 그를 처음 만난 건 1980년대 말, UC 버클리에 있는 베어스 레어Bear's Lair에서였습니다. 그곳에서 우리는 아우구스티누스의 욕망 개념과 요한 카시아누스의 영적 투쟁 개념의 관계를 두고 두 시간 동안 활기차게 이야기를 나누었습니다. 이후에는 뱅크로프트가 있는 유니버시티 북스커피숍과 셔터크가에 있는 프렌치 호텔에서 몇 차례 더 만났지요. 그때 나눈 대화들은 모두 강렬했지만, 대부분 즉흥적인 만남이었고, 그의 갑작스러운 죽음으로 너무 빨리 끝나버렸습니다. 어쨌든, 푸코가 진행하는 강의에 참여한 적은 단 한 번도 없었습니다.

현대 사학사에 정통한 학생의 성의 있는 오해 덕분에 저는 다시 한번 깨달았습니다. 제가 자란 학문 세계로부터 불과 몇십 년이 지났을 뿐인데도, 그리고 수천 킬로미터 떨어져 있을 뿐인데도 누군가에게 저는 이미 낯선 존재라는 사실, 제 지적 여정 역시 이미 지나가 버린 특정 학문 문화 안에서 형성되었다는 사실을 말이지요. 저에게 1900년대 초 남부 이탈리아에서 자란 학자들의 세계와 그들의 지적 여정이 그러하듯, 누군가에게는 저의 지적 여정이 이질적이고 특이한 여정으로 보일 수 있습니다.

그래서인지 이 기회를 통해, 제 삶과 연구를 돌아볼 수 있게 되어서 무척 기쁩니다. 프랑스에서는 이런 걸 '에고이스토아'ego histoire, 즉 자기 역사 쓰기라고 부르지요. 어떤 이들은 이런 글쓰기를 허영의 산물로 보기도 합니다. 하지만 저는 학자라면 때때로 자기 자신을 대상으로 삼고 돌이켜 보는 기록을 남겨야 한다고 생각합니다. 지적 겸손을 익힐 수 있기 때문이지요. 역사는 우리가 속한 자리가 어디인지 깨닫게 해줍니다. 학자는 종종 자신이 자기 분야 위를 고고하게 날며 전체 풍경을 내려다볼 수 있는 행글라이더라고 착각할 때가 있습니다. 올림포스 신처럼 수백 년의 지적 역사를 꿰뚫어 보는 듯한 환상에 빠지기도 합니다.

하지만 삶은 결코 그렇지 않음을 우리는 모두 잘 알고 있지요.

그러니 이제, 행글라이더처럼 공중에서 내려다보는 고상하지만 비현실적인 시선을 내려놓고, 실제의 땅으로, 전후 영국이라는 세계로 내려가 보겠습니다. 그곳은 오늘날 미국 학계와는 전혀 다른 학문 문화를 지닌 세계였습니다. 1948년, 열세 살 때 저는 아일랜드 더블린에서 잉글랜드 슈루즈베리에 있는 퍼블릭 스쿨(공립학교라는 뜻을 지니고 있지만, 실제로는 사립 기숙학교지요)에 가게 되었습니다. 철도 기술자였던 아버지는 수단 하르툼에서 일하다 막 영국에 오셨던 상태였습니다. 아버지는 최초의 제트기 시험 비행을 볼 정도로 기술에 관심이 많으셨고, 저는 별을 좋아하는, 열정적인 아마추어 천문학자였습니다. (정확하진 않지만) 부모님 말씀으로는, 제가 에티오피아 황제 하일레 셀라시에Haile Selassie에게 축복을 받았다고도 하더군요. 어쨌든, 당연히 과학반으로 진학할 생각을 하고 있었습니다. 그런데 어느 날 기숙사 사감이 부르더니, 파이프 담배를 피우며 단호한 어투로 말하더군요. "브라운, 입학시험을 너무 잘 봤어. 그러니 과학은 안 돼. 너는 그리스어를 해라." 그래서 저는 그리스어를 공부하게 되었습니다. 단 1년 동안이었지만 말이지요. 하급자격시험을 치른 뒤에는 역사라는 평범한 길을 선택했습니다. 하지만 그 1년의 경험만으로도 아일랜드 출신의 개신교 소년이 "그리스어를 하는 것"과 영국의 소년들이 "고전을 하는 것"은 전혀 다른 일이라는 것을 알 수 있었지요.

'영국인'에게 고전은 유럽 문명이 찬란하게 빛나던 꿈의 시대로 되돌아갈 수 있게 해주는 길이었습니다. "그리스어를 한다"는 것은 곧 언어, 예술, 문화 전반에 걸쳐 시간의 흐름에 오염되지 않은 완전한 형식의 세계에 들어간다는 것을 의미했지요. 또한, 중세 이후 그리스도교 전통이 지배하는 시대, 즉 미신, 편협함과 같은 짙은 그림자가 드리워진 시대에서 벗어나 자유의 시대로 돌아가는 것이기도 했습니다.

하지만 저에게 그리스어를 공부한다는 것은 그와 전혀 다른 뜻이었습니다. "그리스어를 한다"는 것은 곧 신약성서를 읽는 일이었고, 이를 거쳐 그리스도교 자체의 배경이 된 고대 근동 세계로 나아간다는 것을 의미했습니다. 고전 시기 아테네, 찬란했던 그리스는 당시 그리스어를 배움으로써 저에게 열린 복음서와 사도행전의 세계와는 묘하게 동떨어진 세계였습니다. 유대교도, 그리스도교도 없는 고대 다신교 세계는 저에게 눈부시기는 했지만, 실체 없는 환영 같았습니다. 제가 살아가는 세계(아일랜드라는 로마 가톨릭이 다수인 국가에서 살아가는 개신교도, 전쟁 시나 전후에도 아버지가 일하던 중동을 바라보던, 이집트의 고대 기념물과 헬레니즘, 로마 시대의 폐허 도시들이 현대 무슬림 사회 한가운데 있는 모습을 보며 자란 소년의 세계)를 진짜로 설명해 주는 세계는 고대의 마지막 세기, 곧 고대 후기 세계뿐이었습니다. 제가 그리스어를 공부한 이유는 이제는 사라진 고대 문명을 찬미하기 위해서가 아니라 새로운 시대와 세계의 출발점이 된 시기를 이해하고 싶었기 때문입니다. 그 시기가 훗날 제가 '고대 후기'라고 부르는 시기였음을 알게 된 건 훨씬 나중의 일이었습니다.

이로부터 거의 10년이 지난 1956년, 한 명의 권위자가 저를 불렀습니다. 옥스퍼드 현대사 흠정 교수이자 중세사 전문이었던 비비안 헌터 갤브레이스Vivian Hunter Galbraith였지요. 그는 제가 준비하던 중세사 연구 주제를 논의할 예정이었습니다. 갤브레이스 교수의 방은 오리엘 칼리지에 있었고, 그는 벽난로 앞에서 몸을 웅크린 채 부지깽이로 불을 뒤적이고 있었습니다. 눈길 한 번 주지 않다가 불쑥 이렇게 말하더군요. '브라운 군, 연구할 주교bishop 한 명쯤은 정해놨겠지? 다들 그런 식으로 시작하는 거니까." 이 물음에 대답하기란 어렵지 않았습니다. 15세기 주교이자 영국 사람 한 명을 대면 되었으니까요. 선택지도 몇(캔터베리 대주교였던 헨리 치첼Henry Chichele, 보포트 주교Bishop Beaufort, 모튼 추기경Cardinal Morton) 있었습니다. 그들은 모두 정식 등록부Register(중세 교회의 행정 문서로, 주교의 결정, 임명, 교회 운영 전반에 대한 기록이 담긴 문서 모음집)를 남겼고, 이를 통해 후기 중세 영국에서 한 명의 주교가 어떤 활동을 했는지 세세하게 추적할 수 있었습니다. 당시 옥스퍼드에서 학문적 성인 의식을 통과하려면 아직 출간되지 않은 원자료를 가지고 중세 후기 영국의 행정사, 혹은 정치사의 특정 측면을 재구성해야 했습니다. 하지만 그 일은 일어나지 않았습니다. 올 소울스 칼리지의 주니어펠로우(박사 후 연구직과 비슷하지만, 7년이라는 긴 기간 동안 연구를 자유롭게 할 수 있는 특별한 자리)가 되면서 고대사 연구자로 기술을 새롭게 배울 기회를 얻었기 때문이지요. 저는 다시 '그리스어를 하기' 시작했습니다. 몇 년 후, 저는 또 한 사람의 주교를 데리고 돌아오게 되었습니다. 하지만 이 주교는 매우 오래전 사람이었고, 옥스퍼드 중세사 연구자들이 다루던 성직자들이 주로 살던 지역보다 1,600킬로미터 정도는 더 남쪽에 살았습니다. 바로 히포의 아우구스티누스였지요.

저는 그가 북아프리카 가톨릭교회의 주교로서 마지막 35년을 어떻게 살았는지, 41세부터 76세까지 어떻게 살았는지에 관심을 기울였습니다. 아우구스티누스와 그와 동시대에 활동하던 주교들은 중세 서유럽에서 가톨릭교회가 우위를 점하는 데 결정적인 역할을 했다고 판단했기 때문이지요. 제가 연구 대상으로 정한 주교는 제국의 몰락부터 종교개혁까지 이어지는, 느리지만 이어졌던 흐름의 초석, 옥스퍼드 중세 연구자들이 학문적 성인이 되기 위해 연구해야만 했던 주교들이 활동할 수 있는 초석을 마련했습니다.

한 가지 짚고 넘어가야 할 부분이 있습니다. 아우구스티누스가 그리스도교 사상사에서 엄청난 권위를 지닌 인물임은 분명하지만 제가 전기 『히포의 아우구스티누스』를 쓴 이유는 고대 후기 교회사, 혹은 그리스도교 사상사에 기여하기 위해서가 아니었습니다. 오히려 정반대였지요. 제가 처음으로 펴낸 논문집 제목은 『아우구스티누스 시대의 종교와 사회』Religion and Society in the

Age of Augustine였고 이는 당시 학풍에 맞선 일종의 전투 구호와 같았습니다. 사회 없는 종교에 저는 관심을 기울여 본 적이 없습니다.

어떤 면에서 제가 이런 태도를 지니게 된 건 퍽 자연스러운 일인지도 모르겠습니다. 아일랜드 남부에서 개신교인으로 자란다는 것은 종교가 사회생활의 모든 측면을 관통하는 세계에서 자란다는 것을 뜻하기 때문입니다. 그건 주류였던 로마 가톨릭 신자들도 마찬가지였고, 소수파였던 개신교 신자도 마찬가지였습니다. 종교와 정체성은 떼려야 뗄 수 없는 관계였습니다. 여섯 살 무렵, 다른 아이들이 그랬듯 카우보이 영화에 푹 빠졌던 기억이 납니다. 하지만 이 새로운 영웅들과 완전히 하나가 되는 데는 걸림돌이 있었습니다. 카우보이가 로마 가톨릭인지, 개신교인지 알지 못했기 때문이었지요. 지금도 제게 종교 체험을 사회라는 맥락에서 분리해 따로 떼어놓고 연구하는 일은 어딘가 허공을 떠도는 듯한 작업처럼 보입니다. 그리스도교의 부상에 관한 서술이 후기 로마 제국과 초기 중세 사회의 사회, 경제, 문화적 현실에 대한 역사적 이해를 바탕으로 이루어지지 않는다면, 그건 간단히 말해 역사 서술이 아닙니다. 그리고 이 자리에서 강조하고 싶은 것은, 이 일은 언제나 힘들고, 때로는 복잡다단한 과정을 거친다는 것입니다. 학자의 작업은 결코 정해진 경로를 따라, 어떠한 의심도, 아무런 실수도 없이, 거저 주어진 재능으로 척척 이루어지지 않습니다. 무지를 견디는 고통과 타인의 도움이 필요하다는 자각 없이 학문은 시작조차 될 수 없습니다. 또한, 학자는 자신이 속한 학문 환경의 고유한 분위기와 자원에 얼마나 깊이 의존하고 있는지를 깨달아야 합니다. 미국으로 이주하면서, 저는 그런 환경이 얼마나 다양한지를 경험했지요.

저의 첫 번째 학문 환경은 옥스퍼드의 보들리언 도서관 열람실이었습니다. 돌이켜 보면, 1950~60년대 보들리언 도서관 열람실은 고대 후기 철학자들의 고요한 독서 공동체나 후기 로마 문법학자들의 시끄럽고 소란스러운 교실만큼이나 이상한 분위기를 머금고 있었던 것 같습니다. 다른 무엇보다, 그곳은 책의 세계였습니다. 각 책은 마치 도서관이라는 특정 장소에서만 살아가는 생명체 같았고, 그 책을 읽기 위해 도서관을 찾는 사람도 마치 도서관의 일부인 것처럼, 늘 같은 자리에 앉아 있었지요. 저는 종종 자리를 옮겼고, 생각도 바뀌었지만 1953년부터 1978년까지 열람실은 시간이 흐르는 와중에도 변하지 않는 세계 같았습니다. 아우구스티누스 관련 저술들을 열람실에서 살필 때, 제 맞은편 자리에는 늘 같은 사람이 있었습니다. 아우구스티누스의 성서 읽기와 히포 교회에서 이루어진 전례의 관계를 연구해 꽤 명성을 얻었던 사람이었지요. 그는 대학교에 소속된 학자는 아니었습니다. 옥스퍼드셔 시골에서 정기적으로 올라오던 지역 교회 성직자였지요. 그는 실내화를 신고 열람실에 오곤 했는데, 실내화가 편안해서 그런지 곧잘 졸았습니다. 한창 학구열에 불타올랐던 저는 도나투스파 분열 같은 주제를 다룰 때 저런 사람이 제시한 견해를 정말 믿어도 되는 건지 의구심을 품기도 했습니다. 하지만 그 성직자는 단지 한 개인이 아니라 대학교 밖에서도 학문과 교양을 삶에 품고 있던, 더 넓은 세계를 대표하는 사람이었지요. 저는 옥스퍼드 학생과 동료만큼이나 그런 사람들을 염두에 두고 『히포의 아우구스티누스』를 썼습니다. 대학교 출판사가 아니라 런던의 페이버 출판사에서 출간하려 노력했던 것도 마찬가지 맥락에서였지요.

보들리언 도서관 열람실은 무척이나 조용했습니다. 그것만 보아도 그곳에 있던 학문 공동체 구성원들이 부드럽고 경건한 분위기를 공유하고 있음을 알 수 있었지요. 이 구성원들이 대화를 나누고 씨름하던 진짜 상대는 (강의실에서 강의하는 교수나, 토의 시간에 토의하는 학생이 아닌) 책이었습니다. 책들은 우리 한 사람 한 사람에게 '학문이란 무엇인가'를 말없이 알려주는 오래된 언덕처럼 거기 버티고 있었습니다. 그리고 그 책들에 담긴 오래된 이야기를 다시 이해해 보기 위해 구성원들은 열정으로 불타올랐습니다. 아무 말도 하지 않았지만, 그 조용한 공간에는 분명 어떤 활력이 있었습니다. 그곳에서 저는 처음으로 특정 학문 환경이 빚어내는 풍요로운 낯섦fruitful strangeness을 경험했습니다.

미국에서 지낸 세월이 25년이 넘은 지금, 1960~70년대 보들리언 도서관의 낯섦은 이제 어느 정도 낭만화된 기억으로 떠오르곤 합니다. 하지만 1978년, 영국에서 막 건너와 처음 발을 디뎠던 버클리에서 느꼈던 낯섦은 그 당시 감촉 그대로 되살려내기가 훨씬 더 어렵습니다. UC 버클리의 가장 인상적인 부분은 대학교가 그 자체로 사회 전체 문화를 흡수한 것처럼 보인다는 점이었습니다. 영국에서 저는 관심을 하나에만 집중하지 않고 여러 흐름을 받아들여 저의 지적 세계를 확장하려 했습니다. '다중 초점'multifocal이었다고나 할까요. 그래서 한 공간이 아니라 일부러 여러 곳을 오갔습니다.

옥스퍼드에서 교수들은 묵묵히 자기 일에 열중했습니다. 학생들은 그들에게 (주로 보들리언 도서관에서 익히게 되는) '경건한 학문'을 전수받았지요. 인간 본성의 비밀을 해명하는, 좀 더 대담한 문제들을 다루기 위해서는 런던이라는 대도시로 가야 했습니다. 마이다 베일과 햄스테드에 있는 정신분석가들, 과거 제국의 관대한 시야 아래 설립된 민족지학, 인류학 연구소들, 블룸즈버리에 있는 바르쿠르크 연구소로 대표되는 유럽 문화사 전통이 모두 그곳에 있었으니 말이지요. 즉 고대 후기 사회, 종교 현상을 이해하기 위해 연구해야 했던 본문 및 사료들을 접하는 공간과 부가적으로 활용할 수 있는 이론을 익히는 공간은 명확히 나뉘어 있었습니다. 저는 그러한 구분을 즐기며, 서로 조화를 이루게 하고자 노력했지요. 고대 후기 문헌은 보들리언 도서관 열람실에서 읽고, 메리 더글라스의 책은 욕조에서, 혹은 기차 안에서 읽는 방식으로 말입니다(기차가 런던으로 '올라가는 길'이었는지 '내려가는 길'이었는지는 헷갈리지만, 당시에는 그런 표현에도 분명한 문화, 사회적 의미가 묻어 있었습니다).

UC 버클리에서는, 제게 익숙했던 구분은 존재하지 않았습니다. 제가 있었을 당시에는 거의 모든 강의에서 메리 더글러스의 책이 읽히고 있었습니다. 학과, 학부생, 대학원생을 가리지 않고 말이지요. UC 버클리의 구성원이라면 누구든 그 흐름에 동참해야만 하는 그런 분위기였습니다. 버클리에서 제『성인 숭배』 The Cult of Saints 초고를 놓고 처음 세미나를 열었을 때 동료들은 왜 제 글에 (빅터 터너가 제시한) 경계성liminality 개념이 없는지 물었습니다. 그들의 지적대로 저는 그때까지 터너의 책을 읽어 본 적이 없었습니다. 세미나가 끝난 뒤 집에 가 읽기 시작했지요. 그렇게 저는 UC 버클리가 이론을 흡수하는 방식이 옥스퍼드와는 매우 다르다는 사실을 알게 되었습니다. 이곳은 '다중 초점'을 권하는 세계가 아니었습니다. 밖에서 좋은 생각이나 이론이 들어오면 그건 교수들의 양심을 살짝 건드리는 선에서 그치는 게 아니라 가능한 한 빠르게 대학 체계 안에 스며들어야 했지요. 머지않아 저는 '학제 간 연구'라는 말이 학장들의 얼굴에 미소를 짓게 하고, 연구 기금 심사자들의 마음을 여는 단어라는 사실을 깨달았습니다. 또한, 후보자가 연구 기획서를 평가할 때 '이론이 부족하다'는 말이 후보자와 기획서를 떨어뜨리는 결정적인 한마디로 작동한다는 사실도 알게 되었지요. UC 버클리의 야망 있는 젊은 학생, 그 학생을 가르치는 교수에게 학문적으로 '성인'이 되는 길은 연구할 만한 (과거의) 주교를 고르는 게 아니었습니다. (최신) 이론을 택하는 것이었지요.

이와 같은 미국의 학문 환경을 처음 접했을 때 제는 충격을 받았습니다. 하지만 시간이 흘러 그 충격의 여파는 미미했지요. 시간이 흐를수록 저에게 실제로 영향을 미친 건, 그리고 큰 울림을 준 건 미국 교육 체계의 다른 부분, 교육을 받으면 자연스럽게 몸에 익게 되는, 학문을 대하는 자율적이고 성숙한 태도였습니다. 선택과목 중심의 교육 체계는 외부에서 온 학생들도 자신의 사고를 훨씬 넓고 깊게 확장해 갈 수 있게 해주었습니다.

1970년대 옥스퍼드나 런던에서 가르친다는 건 매주 많은 시간을 들여, 이미 잘 훈련받은 학생들이 최종 시험에서 돋보이도록 다듬는 일을 뜻했습니다. 시험 과목들은 교수 자신의 전문 분야보다 훨씬 더 넓은 범위를 포함하고 있었고 핵심 주제들은 오랜 학문 전통을 따라 이미 정해져 있었지요. 그렇기에 최종 시험에는 영국 학계의 답답할 정도로 고루한 집단 상식이 무겁게 내려앉아 있었습니다. 이런 체계는 결국, 누구나 아는 이야기를 뻔하지 않게 보이도록 다듬어 말하는 기술, 일종의 지적 화법을 낳았지요. 통상적인 답변은 너무나도 예측 가능했기 때문입니다. 이런 체계에서는 열정적인 젊은 교사도, 총명한 학생도 학계에서 당연시하는 것에 대해 말하는 데 부담을 느낄 수밖에 없습니다. 교사의 가장 큰 임무, 학생의 가장 큰 과제는 모두가 당연히 아는 내용을 평이하지 않게, 조금 더 품격 있게, 약간의 열정과 낯섦을 덧입혀 표현해 내는 것이었지요.

이와 달리 선택과목 중심의 교육 체계에서는 교수가 자신의 전문 분야를 직접 책임지고, 그 분야에 대해서는 학부 신입생부터 박사 과정생까지 모두를 고려해, 다양한 수준에서 가르쳐야 합니다. 이러한 체계 덕분에 교수는 그동안 학계에서 당연시하던 부분에 대해서 다시 생각해 보게 되지요. 버클리에 도착하자마자 저는 에드워드 기번Edward Gibbon 이후 고대 세계의 종말 및 중세 세계의 탄생과 관련한 오래된 질문들과 정면으로 마주하게 되었습니다. 옥스퍼드의 노련한 교수들은 '촌스럽고 뻔한 질문'이라며 무시하건, 혹은 애써 외면하던 질문들이었지요.

왜 이교는 종말을 맞이했는가?
그리스도교 교회는 어떻게 그렇게 빠르게 확장될 수 있었는가?
그리스도교의 부상은 성sex에 긍정적인 영향을 미쳤는가,
아니면 부정적인 영향을 미쳤는가?

전혀 다른 환경에서는 익숙한 질문들이 오히려 정신을 맑게 해준다는 것을, 그 환경이 오롯이 세련됨을 추구하던 환경이 아닐 때는 더더욱 그러함을 저는 그때 깨달았습니다. 버클리는 바로 그런 질문을 다시 마주하기에 최적의 장소였지요. 파란 하늘 아래, 마치 이탈리아 트레첸토 시대의 프레스코화처럼 빛나는 날씨 손에서, 그리고 아테네의 계승자라고 자부하는 버클리 캠퍼스를 둘러싼 (페리클레스 시대보다는 하드리아누스 황제와 헤로데스 아티쿠스 시대, 그러니까 저에게는 훨씬 더 익숙한 세계를 떠올리는) 보자

르 풍의 건축물 가운데서, 저는 점점 더 그전에는 생각해 보지 못한 주제들과 접근 방식에 이끌리게 되었습니다. 특히 저는 고대 후기 남성과 여성이 추구하던 '성스러움'이라는 주제에 깊이 빠져들었습니다. 높은 이상을 추구하는 과정에서 사람들은 '인간'을 어떤 방식으로 상상했는지, 금욕 수행을 하던 성자들은 영혼과 육체를 어떻게 다스려야 한다고 여겼던 것인지, 그리고 그러한 절제가 당시 사회와 사람들의 삶에 어떤 영향을 미쳤는지 물었지요. 좀 더 노골적으로 말하면, 저는 그리스도교가 제시한 '성스러움'이 성과 결혼에 어떠한 영향을 미쳤는지 관심을 기울이기 시작했습니다. 위에서 언급한 질문들은 당시 미국 전역을 뒤덮고 있는 성 정치sexual politics 담론에서 뜨겁게 제기되던 문제기도 했지요. 이런 질문들에 응답하기 위해 저는 『몸과 사회』The Body and Society를 썼습니다.

『몸과 사회』는 여러 면에서 저에게 새로웠습니다. 영국에 있을 때 저는 주로 영국의 사회인류학 전통의 통찰을 빌려와 고대 후기 사회에서 '성스러움'이 어떻게 작동했는지를 설명하려 했습니다. 당시 저는 현대 독자들은 대체로 불편해하거나 낯설게 여기는 인물들과 관행들에 관심이 있었습니다. 시리아의 광야에서 살았던 성자들, 기적이 일어나는 성지를 찾아다녔던 순례자들, 서로 싸우거나, 달군 쇠를 손에 쥐는 방식으로 자신의 무죄를 입증하려 했던 관행들 말이지요. 현상이 낯설고 이상할수록, 저는 더 깊이 끌렸습니다. 그런 이상한 사람들과 행동들이 당시 고대 후기 공동체들이 지녔던 느리고도 정교한 감각과 지혜를 오히려 잘 보여 줄 수 있다고 생각했기 때문입니다. 당시 사람들은 그런 사람들과 실천들을 경외를 담은 눈길로 바라볼 뿐 아니라 실제로 유용하다고 여겼습니다. 그렇기에 현대 독자가 괴이하고 혐오스럽다고 여길 수도 있는 존재들도 나름의 얼굴, 인간으로서의 모습을 지니고 있음을 저는 보여 주고 싶었습니다. 하지만 그때까지만 해도 저는 그들을, 말하자면 바깥에서 바라보고 있었습니다. 당시 금욕의 길을 택한 남성과 여성이 성스러움에 도달하기 위해 어떻게 자신을 다듬고, 변화시켜 나갔는지를 좀 더 진지하게 묻지 않았습니다. 또한, 그런 성자들을 찾아간 사람들이 성자들을 단순히 유용한 존재가 아니라 실제로 존경할 만하고 닮고 싶은 존재로 여겼다는 사실의 의미를 숙고하지 않았습니다.

더 나아가, 저는 그리스도교 금욕주의 운동이 고대 후기의 유일한 종교 운동이 아니라는 사실도 잘 알고 있었습니다. 그럼에도 제가 설명할 수 있었던 건 그리스도교 금욕주의에 무게가 쏠려 있었지요. 이를테면 북시리아 마을들 사이에서 18미터 높이의 기둥 위에 올라앉아 살았던 시메온처럼 세상을 떠들썩하게 만든 성자들의 사회적 역할에 대해서는 어느 정도 설명할 수 있었으나 그보다 훨씬 덜 과격하고 세상에 도전하지 않는 방식으로 성스러움을 추구했던 이들, 그들이 지녔던 권위를 어떻게 설명할지는 갈피를 잡지 못한 상태였습니다.

물론 당시에도 저는 고대 후기 유대교 랍비, 이교 철학자, 중세와 현대 이슬람 세계 속 수피 현자, 울라마(이슬람 율법 학자)에 관한 문헌들을 읽고 있었습니다. 하지만 그들을 제대로 설명할 언어를 갖고 있지는 못했지요. 그들은 그리스도교의 찬란한 성자들을 설명할 때 사용했던 설명 방식에 담기지 않았습니다.

1975년부터 1978년 사이, 이란, 아프가니스탄, 이집트를 포함한 여러 이슬람 국가를 여행하면서 저는 그리스도교 바깥 세계와 직접 마주했습니다. 기적을 일으킨다는 시끌벅적한 치유 성지들이 즉각 눈에 띄었지만, 뇌리에 남는 건 훨씬 더 평범하고 일상적인 풍경들이었습니다. 이를테면 울라마들이 학문을 전수하는 방식, 가정을 이루고 살아가는 이들을 위한 포괄적인 도덕 규범, 무슬림이 공동체 안에서, 혹은 밖에서 사람들과 관계 맺을 때 보여 주는 특유의 균형 감각과 단정함 등이 그랬지요.

이를 통해 저는 그동안 집중해서 다루었던 그리스도교 금욕주의 성자들뿐 아니라 고대 후기의 다른 인물들, 조용한 이교 철학자, 후기 고전 교양 교육의 세련된 산물들, 사회에 잘 통합되어 있던 유대교 랍비들을 다시 볼 수 있게 되었습니다.

비슷한 시기, 저는 피에르 아도Pierre Hadot⁺가 1981년에 발표한 「영적 훈련과 고대 철학」Exercices spirituels et philosophie antique을 읽게 되었습니다. 이 45쪽짜리 글을 읽고 저는 커다란 충격을 받았고, 깊이 감동했습니다. 이 글을 통해 저는 처음으로 고대 철학자들과 그의 제자들이 철학 본문을 읽고 해석할 때 얼마나 진지했는지, 그 삶의 무게를 체감했습니다. 당시 저는 금문교가 보이는 다운도서관 고전 열람실, 혹은 '성스러운 언덕'의 흔들리는 야자수 아래 자리한 연합신학 대학원 도서관에서 공부를 했는데, 그곳에 줄지어 선 고대 철학 문헌들이 저에게 말을 걸어오는 듯했습니다. 고대 철학을 '삶의 방식'way of life으로, 철학 본문을 자아의 느리지만 확실한 변화를 끌어내도록 구성된 본문으로 본 아도의 해석은 그때까지는 약간은 초현실적인 도덕을 이야기하는 것처럼 보였던 고대 철학자들에게서 인간의 얼굴과 진지함을 볼 수 있게 해주었습니다. 제 시야를 완전히 바꾸어 놓았던 것이지요. 그를 통해, 그리스도교에 바탕을 두고 있지는 않지만 나름의 장엄함과 진지함을 지닌, 인간 본성에 관해 독특한 견해를 내비치며 여러모로 도전적인 '성스러움을 추구하는 길'이 제 눈에 들어왔습니다. 아도가 없었다면, 저는 그의 콜레주 드 프랑스 동료인 미셸 푸코(그는 『자기 배려』Le Souci de soi에서 아도에게 큰 영향을 받았음을 밝힌 바 있습니다)의 작업에 별다른 관심을 보이지 않았을 것입니다(아도의 경우에는 일련의 탁월한 글에서 푸코의 독특한 관심사와 고대 본문에 대한 독창적이고 때로는 특이한 해석이 자신과는 일정한 거리가 있음을 밝힌 바 있지요). 푸코의 작업과 그가 보여 준 우정에 진심으로 감사하지만, 저에게 진실로 결정적인 영향을 미친 책은 (영어로는 일종의 수치라 할 정도로 늦게 번역된) 아도의 『영적 훈련과 고대 철학』이었습니다.

이렇게, 이슬람 세계에서 직접 목격한 다른 형태의 성스러움과, 피에르 아도가 가르쳐 준 그리스도교 성자들의 이교도 선조들과 동시대인들의 진지함을 고려해, 저는 마침내 『몸과 사회』 집필을 마쳤습니다. 여러 면에서 이 책은 예스러운 책이었습니다. 저는 부러 이 책을 그리스도교 저자에서 또 다른 그리스도교 저자로 천천히 이동해 가며 그들 각자의 목소리에 독자들이 귀 기울이도록 구성했습니다. 또한, 초기 그리스도교 남성과 여성이 자신의 몸을 어떻게 경험했는지를 보여 주려 했지요. 또한, 오늘날 시각으로는 당혹스럽기 그지없는 성과 결혼에 관한 견해를 어떻게 그토록 열정적으로 펼칠 수 있었는지를 이해할 수 있도록 그들이 처한 사회, 도덕의 맥락을 충분히 소개하려 했습니다. 『몸과 사회』에서 저는 최대한 제가 과거에 보였던 열정을 자제하려 노력했습니다. 그전까지, 특히 영국에서 저는 제가 만난 기이한 인물들을 독자들이 완전히 투명하게 이해할 수 있게 하려 애썼습니다. 하지만 이 책에서는 옛 저자들이 자신의 목소리로 조용히 자신의 말을 하게 해주고 싶었습니다. 그리하여 독자들이 그들이 어떤 삶의 길을 선택했는지, 어떠한 이상을 추구했는지, 그러한 이상을 추구하는 가운데 하느님과 동료에게 어떤 위로와 격려를 얻기를 바랐는지 조금이나마 느껴보기를 원했습니다. 그러한 의미에서 『몸과 사회』는 '이론이 부족'한 책이었습니다. (제가 버클리 하면 떠오르는 인상들까지를 포함해) 버클리 하면 흔히 떠오르는 책, 사람들이 UC 버클리에서 나올 것이라 기대하는 책은 아니었지요. 하지만 이 책은 분명 버클리다운 책이었습니다. '성스러운 언덕'에 있는 연합신학대학원 도서관에 있는 풍부한 장서들, 도우 도서관 고전 열람실에 있는 고풍스럽고 보자르 양식의 품격을 지닌 장서들, 무엇보다도 오래되었으면서도 기본적인 질문들에 답해주기를 요구하던 학생들의 열정에 크게 빚고 있었으니 말이지요. 책의 집필을 마친 곳은 프린스턴이었지만, 책을 낳은 곳은 분명 버클리였습니다.

1983년, 저는 버클리를 떠나 미국 동부로 갔습니다. 옮긴 순간부터 공기가 다른 것 같았습니다. 훨씬 더 날카롭고, 긴장감 어린 분위기가 느껴졌지요. 당시 동부 학계에서는 종파들이 전쟁을 하듯 진영 싸움을 벌이고 있었고, 그건 버클리에서는 경험하지 못했던 일이었습니다. 어쩌면 그런 차이를 더 크게 느낀 건 제가 순진했기 때문인지도(혹은 순진한 척하려 노력했기 때문인지도) 모르겠습니다. 당시까지만 해도 저는 영국 학계 분위기에 더 익숙해 있었고 그곳에서는 학자들이 어떤 식으로든 순진함을 전제하고 학문 활동을 했기 때문이지요. 영국 학자들은 대학교에는 학자와 정치가가 있다고 믿었습니다. 그리고 누가 정치가인지, 무슨 일을 하는지 모두가 알고 있었습니다. 때로는 그런 사람이 학교에 도움이 될 때도 있지만, 대체로는 우리 학문의 사명을 방해하는 존재라고 다수의 '학자'(혹은 자기가 학자라고 여기는 사람)는 생각했습니다. 교수 휴게실에서 하는 이야기든, 대학 고위직 회의든, 학위 수여식이든 '정치가'가 벌이는 일은 '학자'에게는 참고 견뎌야 하는 시련이었습니다. 성자들이 자신의 인내를 시험하기 위해 하느님이 시련을 보내신다고 믿었듯 말이지요. 그런데 미국 동부에서 저는 전혀 다른 풍경을 보게 되었습니다. 학자들이 학문을 가지고 정치 싸움을 벌이고 있었지요. 제 주변 역사학자들은 제가 문화 전쟁의 마지막 국면을 목격하는 특권을 누리고 있다고 말하기도 했습니다. 하지만 저는 그 전쟁을 보며 특권을 누린다는 생각을 전혀 하지 못했습니다. 역사 연구에서 이른바 '이론'에 대한 헌신이 이런 진영 싸움으로 이어진다면, 저는 결코 그 길을 가고 싶지 않습니다.

몇몇 독자분은 눈치채셨겠지만, 저는 제가 몸담았던 대학들의 도서관에 특별한 애정이 있습니다. 좋은 도서관은 오랜 시간에 걸쳐 연구자에게 많은 이야기를 들려 주기 때문이지요. 소장된 책들뿐만 아니라, 책장의 배열과 도서관의 분위기 자체가 강의나 동료의 자극보다 더 오래, 더 깊게 저의 정신을 움직였습니다. 프린스턴 대학교의 도서관에서 저는 정말로 '하느님의 풍요로움'God's plenty을 느꼈습니다. 프린스턴 고등연구소 도서관은 고대 세계와 관련된 거의 모든 분야(고고학, 비문학, 파피루스학 등)에서 비할 데 없는 방대한 장서를 자랑했고, 또 정성스럽게 관리되고 있었습니다. 파이어스톤 도서관과 마쿼드 도서관의 고고학 서가도 마찬가지였습니다. 파이어스톤 도서관은 프린스턴 신학교의 스피어 도서관과 더불어 교부 시대부터 중세 전체를 아우르는 방대한 자료를 소장하고 있었습니다. 제 동료 앤서니 그래프턴Anthony Grafton이 『각주』The Footnote라는 책을 펴내기 훨씬 전부터 저는 프린스턴을 '서구 학문 세계의 각주가 살아 숨 쉬는 본산'이라 부르곤 했습니다. 제가 얼마나 잘 갖춰진 각주를 사랑하는지 아는 분이라면, 이 말에 얼마나 깊은 애정이 담겨 있는지도 아실 겁니다. 어떤 연구는, 정교하게 쌓인 각주 없이는 결코 완성될 수 없습니다. 특히 고대 후기 연구에서, 저자의 박식함이 풍부하게 녹아 있는 각주는 가장 깊은 역사적 층위에 도달하게 해주는 거의 유일한 통로라 할 수 있습니다.

이런 학문 환경 덕분에 1980년대 후반에서 1990년대 초반에 제 안에 있던, 중세학자로서의 감각이 다시 깨어났습니다. 그때까지 저는 수년간 성자, 교부, 금욕주의자 같은 이상화된 인간상에 관심을 기울였지만, 이제는 다시 구체적인 현실, 생생한 세계에 발을 딛고 싶었습니다. 프린스턴 대학교에 속한 도서관들이 보유한 풍부한 자료, 그곳에서 활동하는 박식한 학자들이 그런 전환을 가능케 했지요. 같은 시기 튀르키예, 시리아, 요르단, 이스라엘 등 중동 지역에 있는 고대 후기 유적지를 답사하며 제가 읽고 연구하던 고대 세계를 좀 더 생생하게 맛보았던 것도 한 계기가 되었습니다. 때마침 후기 로마 제국 구조에서 권력이 어떻게 행사되었느냐는 문제는 여러모로 주목할 만한 주제이기도 했습니다. 1986년 이후, 소련에서 페레스트로이카가 시작되었고 그 직전까지 러시아 반체제 지식인들은 활발하게 활동하면서 서방의 관찰자들에게 위태로운 독재 체제, 정치 세계 안에서 '도덕적 권위'가 어떤 역할을 하는지 생생하게 보여 주었기 때문이지요. 당시 저는 이미 피에르 아도의 영향 아래 4세기와 5세기 동로마 제국의 상류층이 공유했던 교양 속에서 자기 수양이 어떤 역할을 했는지 연구하고 있었습니다. 또한, 겉으로 보기에는 그리스도교 세계이나 그 안에서 이교 철학자들이 존경을 받던 특이한 상황에도 관심이 있었지요. 이런 연구들은 자연스럽게 권력과 그 행사 방식이라는 더 넓은 세계에 대한 탐구로 이어졌고 고대 후기 지중해 세계의 교육받은 상류층들이 받은 교육이 폭력과 권력의 행사에 일종의 제어 장치로 작동했다는 사실을 알게 되었습니다. 1990년대 초, 『고대 후기의 권력과 설득』Power and Persuasion in Late Antiquity을 쓰며 이런 주제들을 탐구했지요. 무척 즐거운 작업이었습니다. 이 주제들은 단순히 고대의 문제에 그치지 않고 당시 동유럽과 중동에서 '국가'가 새롭게 정의되고 있던 흐름과도 연결되어 있었기 때문이지요. 동시에, 이 주제들을 다루며 저는 매우 풍성한 각주 거리를 얻기도 했습니다. 리바니오스 시대 안티오키아의 도시 정치 세부 사항, 오늘날 튀르키예, 그리스, 시리아 내륙에 있는 고대 후기 도시들에서 총독을 기리며 새겨진 비문들의 문화적, 정치적 의미, 주교 궁전 구조와 대경기장(히포드롬) 수리 방식, 안티오키아 대성당 안뜰에서 단성론 경향의 구절을 외치도록 훈련받은 애완 앵무새에 이르기까지 말이지요. 이 모든 주제를 연구하며 저는 다시 한번 땅을 딛고 있다는 감각을 되찾았습니다.

    1990년대, 저는 다시 주교들 곁으로 돌아오게 되었습니다.

그런데 그들은 제가 30여 년 전 『히포의 아우구스티누스』를 쓰며 만났을 때와는 사뭇 다른 모습을 하고 있었지요. 1967년 책을 탈고했을 때는 훗날(1981년) 유럽 각국의 도서관을 샅샅이 훑는 작업이 이루어져 아우구스티누스가 주교였을 때 남긴 27통의 편지들과 설교 22편이 새롭게 발견될 줄은 꿈에도 몰랐습니다 (오늘날에는 컴퓨터 덕분에 이런 작업이 훨씬 수월하게 이루어지고 있지요). 이 자료들을 접한 뒤 저는 북아프리카에서 활동한 주교들의 위상에 대한 기존의 판단을 전면 수정했습니다. 새로 발견된 편지들과 설교는 당시 세계가 훨씬 더 복잡하고 어수선했음을, 그리고 그 안에서 아우구스티누스의 권위는 생각보다 더 취약했음을 보여 주었습니다. 주교 아우구스티누스는 설교를 하다 회중에게 고함을 듣기도 했고, 사악한 동료들에게 속기도 했습니다. 세상의 냉혹한 관료제 앞에서는 속수무책이기도 했지요. 그리스도교 교회가 로마 사회에서 권력을 얻는 과정은 1967년 제가 생각했던 것보다 훨씬 더 느리고, 훨씬 더 불확실하고, 훨씬 더 우여곡절이 많았습니다. 이제는 아우구스티누스 시대의 불안정한 주교들이 어떻게 (갤브레이스 교수가 연구한 중세 후기의) '자신감 넘치는 교회의 군주들'로 어떻게 변화했는지를 추적하는 일은 훨씬 더 복잡한 과제가 되었습니다. 적어도 고대 후기에 주교는 자명한 권력자가 아니었습니다.

이런 이유로 최근 수년 동안 저는 새롭게 확보된 방대한 자료를 바탕으로 그리스도교 교회의 사회적 역할이라는 문제를 다시 다루고 있습니다. 최근에 낸 책 『빈곤과 지도력』Poverty and Leadership 에서는 가난한 사람들을 돌보기 위해 주교와 성직자가 제시한 제도, 설립한 시설이 어떻게 고대 후기 사회의 사회적 상상력에 변화를 가져왔는지를 살피고 있지요. 도시에서 살아가는 사람을 시민과 비시민으로 나누어 보던 전통적인 고전 세계는 도시와 농촌을 막론하고 부자와 가난한 사람으로 나누어 보는 세계로 바뀌었습니다. 사회라는 전체 몸에 대한 심상이 조용히, 하지만 분명하게 변화한 것입니다. 그리고 이 변화는 같은 시기, 같은 지역에서 등장한 그리스도교 금욕주의(개인의 몸에 대한 이해가 급격히 달라진 과정) 못지않게 급진적이었습니다.

그렇다면 지금 저는 어디에 서 있을까요? 예전보다 각주에 대한 애정은 더 깊어졌고, 본문에 대해서는 더욱 회의하게 되었습니다. 문학 이론을 고대 후기 본문에 적용해 보니, 본문이 긴장 넘치고 혼란스러운 실제 삶을 얼마나 말끔하게, 평평하게 만들어 버릴 수 있는지를 절감했기 때문입니다. 모든 시대는 그 시대에 걸맞은 역사 방법론을 갖는다는 말이 참이라면, 이제 고대 후기 그리스도교 저자들(탁월한 수사학자이자 자신들의 세계를 효과적으로, 때로는 매우 이기적인 방식으로 '재현'해 낸 이들)은 오늘날 우리가 가진 역사 읽기 방식을 피해 갈 수 없습니다. 의심의 해석학, 의도와 재현의 이면을 비판적으로 살피는 읽기 방식을 적용할 수밖에 없다는 것이지요.

이런 이유에서 저는 고대 후기와 중세 초기 유럽과 중동 지역에서 그리스도교화가 어떻게 진행되었느냐는 질문을 진득하게 붙들고 있습니다. 『그리스도교 세계의 부상』The Rise of Western Christendom 제2판에서는 서유럽의 그리스도교 확산을 연구하며 기원후 200년에서 1000년 사이 아일랜드, 아이슬란드, 아르메니아, 중앙아시아처럼 서로 다른 지역들을 비교하며 연구했는데, 각 지역에서, 나름의 방식으로 그리스도교화 과정을 '재현'했기 때문입니다. 이 재현들을 비교해 보면 각 지역의 그리스도교가 어떤 문화 자원 위에 뿌리내렸는지를 더 깊이 이해할 수 있습니다. 그리고 언제나 다른 곳을 함께 바라보아야 한다는 과제를 남기지요. 역사가는 끊임없이 고고학 자료로, 그렇지 못하다면 무수한 문헌이 정리되지 않고 뒤얽힌 채 남아 있는 발굴 현장으로 돌아가야 합니다. 본문들을 반복해서 읽고, 조심스럽게 걸러내야 합니다. 지금껏 주목받지 못한 증거의 조각들, 아직 해결되지 않은 문제들의 단서들, 본문 가장자리에 숨어 있는 다른 목소리들을 찾기 위해서 말이지요.

저는 이 작업이 너무나 즐겁습니다. 무엇보다도 이런 작업은 전환기에 있는 세계에서 조용히 느리게 진행되는, 하지만 쉽게 언어화할 수 없는 현상들을 존중하고 주의를 기울이게 해주기 때문입니다. 지금까지 발견한 것들도 충분히 마음에 들지만, 요즘에는 이름이 알려지지 않은 작은 인물들, 무리를 이루어 스쳐 지나가는 고대 후기 세계의 존재들에게 마음이 갑니다. 그들은 우리가 한때 생각했던 것보다 훨씬 더 복잡하고 다채로운 종교적, 문화적 풍경 아래서 살아갔습니다.

히포의 아우구스티누스처럼 위대한 주교에 대한 연구로 시작해 초기 비잔티움 시대의 강렬한 성인 군상을 살펴보았던 저는 이제는 패기 넘치고 기세등등한 그리스도교 문헌의 시야 너머, 그 가장자리에 스치듯 등장하는 작은 인물들 곁에 머물고 있습니다. 그들 대부분은 자신들이 '고대 후기'라는 시대 속에 살고 있다는 사실조차 인지하지 못했을 것입니다. 그 시대가 끝날 무렵에는 대부분 자신을 그리스도교인이라 여겼지만, 자신들의 후예들처럼 현재의 자신과 과거(이교 세계)의 경계를 명확하게 긋지는 않았습니다. 그들은 모호한 현재 안에서 최선을 다해 살아가는 것에 만족했습니다. 튀르키예 남부 해안의 초기 비잔티움 유적지인 안네무리움에서는 이교, 유대교, 그리스도교 상징이 뒤섞여 적힌 마법판이 발견된 적이 있습니다. 이를 조사한 고고학자는 현대 그리스 시인 코스티스 팔라마스Kostís Palamas의 시를 인용했습니다.

> 우리는 완전한 그리스도교인도,
> 완전한 우상숭배자도 아니라네.
> 십자가와 성상들을 사용해
> 아직 이름이 붙지 않은 새로운 삶을 지어가고 있을 뿐.

크든 작든 이름이 붙지 않은 시간의 가장자리에 놓였던 이들을 최대한의 지성을 발휘해 존중을 담아 바라보는 것, 이것이야말로 고대 후기를 다루는 역사가가 갖추어야 할 가장 중요한 기술 ars artium입니다.

지금까지 저를 형성해 준 수많은 환경에 대해 간략하게나마 이야기해 보았습니다. 이 환경들은 언제나 예기치 않은 방식으로 저를 인도했고, 전환기 세계의 여러 층위를 더 깊이 이해할 수 있도록 이끌어 주었습니다. 저와 전혀 다른 배경에서 태어난 학자들, 저와는 전혀 다른 지적 경로를 걸어온 학자들이 이 고대 후기 세계에 계속 머물러 주기를 바랍니다. 제가 거의 반세기 동안 그랬듯 말이지요. 우리 모두를 위한 최고의 좌우명은 보들리언 도서관 옛 출입구 아래 계단에 새겨져 있다고 저는 생각합니다. 여기에는 기부자 목록과 함께 다니엘서 12장 4절이 쓰여있습니다.

많은 이들이 길을 오가게 될 것이고,
지식은 더욱 풍성해질 것이다.

| 인물 색인 및 소개 |

ㄱ

그레고리오스, 나지안조스의 Gregory of Nazianzus 74
나지안조스 출신의 그리스도교 교부. 바실리오스Basil, 니사의 그레고리오스Gregory of Nyssa와 더불어 카파도키아 삼인방으로 불리며 삼위일체 교리 정립에 결정적인 공헌을 한 신학자로 꼽히며 성령의 신성을 옹호한 다섯 편의 신학적 설교는 정교회 교의 신학 전통에 중대한 전환점을 제공한 것으로 평가받는다. 380년 콘스탄티노폴리스 총대주교로 선출되었으나 교회 내 분쟁을 피해 자진 사임하고 고향에서 저술에 몰두했다. 정교회에서 '신학자'라는 칭호를 받은 몇 안 되는 인물이기도 하다. 한국에는 『삼위일체에 대한 다섯 개의 신학적 연설』(키아츠)이 소개된 바 있다.

긴즈부르그, 카를로 Carlo Ginzburg(1939~) 24
이탈리아 출신의 역사가. 피사 대학교에서 박사 학위를 받았으며 볼로냐 대학교, 피사 고등사범 고등학교 등에서 교수로 활동했다. 미시사 분야의 주창자로 평가받으며 이탈리아 르네상스에서 근대 유럽 역사 까지 다양한 시기에 일어난 일들을 기존의 방식과는 다른 방식으로 접근했으며 결과적으로 역사학의 서술 방식과 해석 방법에 대한 다시 성찰해 현대 인문학의 지형을 넓힌 인물로 평가받는다. 주요 저서로 미시사의 고전으로 평가받는 『치즈와 구더기』 Il formaggio e i vermi(문학과지성사), 『밤의 전투』Storia notturna(문학과지성사) 등이 있으며 그 외에도 『베난단티』(교유서가), 『실과 흔적』(천지인) 등이 한국어로 소개된 바 있다.

ㄴ

니콜라오스, 시온의 Nicholas of Sion 110
6세기 중반 소아시아 남부의 도시 시온에서 활동한 주교. 젊은 시절부터 금욕과 금식, 고행을 실천하며 수도 생활을 했고, 사제 서품 이후에는 병자 치유, 귀신 축출, 폭풍을 멈추는 기적 등으로 명성을 얻었다. 이후 시온 교구의 주교로 임명되었으며, 교회 행정과 전례의 권위보다 '성자'로서의 카리스마를 중심으로 한 사목 활동을 펼쳤다. 성직자와 성자의 심상이 중첩되는 새로운 유형이 형성되던 시기, 교회의 성직과 사막의 영성 전통을 결합한 인물로 평가받는다. 그에 관한 전기는 성인전의 전형을 따르되 한 성자가 어떠한 방식으로 지역 교회에서 영적 중심 인물의 역할을 구축하고 실행하는지를 보여 주는 문헌으로도 읽힌다.

ㄷ

더글라스, 메리 Mary Douglas(1921~2007) 148, 149, 158
영국 출신의 인류학자이자 상징 · 의례 · 종교 연구의 선구자. 옥스퍼드 대학교에서 인류학을 공부하고, 콩고에서 아프리카 부족 사회를 현지 조사한 뒤 1950년대부터 런던 대학교 유니버시티 칼리지 오랫동안 교수로 재직했다. 이후 미국으로 건너가 노스웨스턴 대학교, 프린스턴 대학교 등에서 강의했으며, 1981년 영국 학술원 회원으로 선출되었다.

그녀의 대표작 『순결과 위험』Purity and Danger은 사회의 경계와 금기, 정체성의 구조를 날카롭게 분석한 고전으로, 종교 의례뿐 아니라 일상에서 일어나는 판단과 규범을 구성하는 방식 자체를 해명한 책으로 평가받는다. '사회는 무엇으로 안과 밖을 나누며, 어떻게 혼란과 질서를 구분하는가?'라는 물음을 다루며 인류학뿐 아니라 성서학, 종교학, 철학, 심지어 윤리학까지 광범위한 분야에 영향을 끼쳤다. 또한, 『자연 상징』Natural Symbols(이학사)과 『위험과 문화』Risk and Culture와 같은 책을 통해 집단-개인, 경직-융통이라는 이중 축을 기준으로 사회 유형을 분류하며, 의례, 신념 체계, 정치 태도의 차이를 설명하는 문화 이론을 제시했다. 이 이론은 현대 위험 사회론, 정책 분석, 정치심리학 등 다양한 분야에서 사용되고 있다. 말년에는 『문학으로 읽는 레위기』Leviticus as Literature(시대가치)를 통해 히브리 성서에 대한 인류학적 독해를 시도하며, 레위기의 규정들을 단순한 종교 규범이 아니라 우주론적 질서와 상징체계의 표현으로 해석했다. 이는 성서신학에 인류학적 분석을 도입한 대표적 사례로 평가받는다. 의례, 규범, 불순, 경계에 대한 문화의 반응을 통찰력 있게 해석함으로써, 현대와 고대, 서구와 비서구를 잇는 인류학적 사유의 다리를 놓은 인물로 평가받는다.

돌보, 프랑수아 François Dolbeau(1943~) 48

프랑스 출신의 문헌학자이자 역사가. 파리 고등사범학교에서 공부했으며 옥스퍼드 대학교 베일리얼 칼리지를 거쳐 라틴어 연구로 박사 학위를 받았다. 로마 프랑스 학술원, 프랑스 국립과학 연구소 산하 고문헌연구소에서 연구 및 강의를 이어갔으며 1985년부터 2008년까지 고등연구실습원에서 중세 라틴어 문헌 전공 교수로 활동했다. 아우구스티누스 미발굴 설교문 26편을 새롭게 판독, 편집한 연구로 세계적인 명성을 얻었으며 학술지인 「중세 라틴어 문헌 연구지」Archivum Latinitatis Medii Aevi 책임 편집자로도 활동했다. 2014년 프랑스 학술원 회원으로 선출되었으며 프랑스 국가공로훈장을 받았다. 주요 저서로 『히포의 아우구스티누스』Augustin d'Hippone, 『성인들의 공동체』Sanctorum societas, 『서방 그리스도교 전통 속 예언자, 사도, 제자들』Prophètes, apôtres et disciples dans les traditions chrétiennes d'Occident 등이 있다.

ㄹ

리바니오스Libanius(314?~393?) 85, 93, 94, 95, 97, 98, 99

안티오키아 출신의 수사학자이자 그리스·로마 교양의 마지막 수호자로 평가받는 고대 후기의 이교 지식인. 아테네에서 수사학을 공부한 후 콘스탄티노폴리스, 니코메디아, 최종적으로 고향 안티오키아에서 수사학 학교를 열어 제국 전역에서 온 학생들을 가르쳤다. 그의 수업을 들은 인물들 가운데에는 그리스도교인도 다수 포함되어 있었으며, 가장 유명한 제자 중 하나는 후일 황제가 되는 율리아누스였다. 철저하게 전통적인 헬레니즘 교양의 가치에 충실했던 인물로 4세기 후반, 이교 문화의 의미를 옹호하는 데 힘썼으며 정치·문화·종교가 급격히 재편되던 고대 후기 전환기에서 옛 로마의 가치를 수호한 마지막 지식인으로 평가된다. 그는 황제와 고관, 도시의 유력자들에게 수십 통의 연설문Orationes과 편지Epistulae를 통해 정치 자문을 했고, 도시 행정, 세금, 법, 문화 정책 등에 관여했다. 현존하는 그의 편지는 1,500통이 넘으며, 제국 동부의 정치와 사회, 문화의 내면을 보여 주는 귀중한 1차 사료로 평가받는다. 특히 그가 묘사한 안티오키아의 도시 생활, 황제와의 관계, 교육 제도, 그리스도교인들과의 상호작용은 그리스도교화되는 세계에서 이교 상류층이 어떤 방식으로 살아남으려 했는지를 구체적으로 보여 준다.

ㅁ

마르켈리누스, 암미아누스 Ammianus Marcellinus(330?~391?) 66, 90
시리아 안티오키아 출신의 그리스계 로마 역사가이자 군인. 콘스탄티우스 2세, 율리아누스 황제의 동방 원정 등에 종군하며 제국의 정치와 군사, 문화의 내밀한 흐름을 직접 경험했으며, 그 체험을 바탕으로 집필한 『로마사』Res Gestae는 로마 제국 말기의 행정 부패, 군사적 혼란, 문화적 다양성, 종교 갈등을 생생한 문체로 서술해 타키투스의 뒤를 잇는 라틴 역사서의 걸작으로 평가받는다. 아우구스투스 시대부터 378년 아드리아노플 전투까지를 다룬 31권 분량이었으나, 현재는 353년부터 378년까지의 후반부 18권만 전해진다.

마르티누스, 갈리아의 Martin of Tours(316?~397) 47, 125
판노니아(오늘날 헝가리)에서 태어난, 로마 군인 출신의 성직자. 갈리아의 로마 기병대에서 복무했으나 이내 그만두고 수도 생활에 헌신하다 투르의 주교가 되었다. 술피키우스 세베루스Sulpicius Severus가 쓴 전기로 알려져 있으며 서방 교회 최초의 비순교자 성인으로 공경받는다.

마커스, 로버트 Robert Markus(1924~2010) 9, 40, 48
헝가리 출신의 영국 역사가이자 철학자. 1939년 가족과 함께 영국으로 이주해 맨체스터 대학교에서 철학을 공부했으며 같은 대학교에서 철학 연구로 석사 학위와 박사 학위를 받았다. 1950년에는 친구 허버크 맥케이브와 도미니크회에 입회했으며 아우구스티누스 연구에 매진하고 이후 리버풀 대학교에서 역사를 가르쳤다. 피터 브라운과 더불어 '고대 후기'라는 개념을 정립한 역사가로 평가받으며 종교사와 사회사를 접목하는 학제적 연구를 선도했고, 노팅엄 대학교에서는 중세사 연구소 설립에 기여했다. 아우구스티누스를 신학자이자 정치사상가로 조명한 『사이쿨룸』Saeculum은 세속 역사와 교회 신학의 경계를 넘는 새로운 해석을 제시한 책으로 평가받으며 고대 후기에서 중세로의 이행을 분석한 『고대 그리스도교의 종말』 The End of Ancient Christianity 역시 동시대 연구자들에게 깊은 영향을 끼쳤다.

모밀리아노, 아르날도 Arnaldo Momigliano(1908~1987) 147, 148
이탈리아 출신의 고대사학자이자 역사 이론가. 유대인 가정에서 태어나 토리노 대학교에서 루이지 에이나우디 Luigi Einaudi 아래에서 수학하고, 1936년 로마 라 사피엔차 대학교에서 고대사 교수직을 맡았다. 1938년 이탈리아 무솔리니 정권의 인종법으로 교수직을 박탈당한 뒤 영국으로 망명, 이후 런던 대학교 유니버시티 칼리지, 브리스톨 대학교, 옥스퍼드 대학교 등에서 연구를 이어갔다. 전후에는 유럽과 미국을 오가며 강의했고, 1951년부터는 런던 대학교에서 정교수로 재직했다.

고대 그리스·로마사뿐 아니라, 역사서술의 역사를 중심 주제로 삼아 방대한 연구를 남겼다. 특히 고대의 사실을 재구성하는 데 그치지 않고, 그 사실을 누가, 어떤 전통 안에서, 어떤 목적을 갖고 서술했는지를 분석함으로써, 역사학 자체의 철학적 기반을 질문했다. 그리스도교 사상, 유대 지성사, 로마 제국 후기의 문화 전환에 이르기까지 고대 후기 Late Antiquity 개념의 학문적 정립에도 일정한 역할을 했으며, 에드워드 기번 이후 역사서술 전통을 비판적으로 분석하고 갱신한 학자 중 하나로 평가받는다. 피터 브라운, 앤서니 그래프턴 등 역사가들에게 직간접적 영향을 끼쳤으며, 오늘날까지도 '역사학의 역사'를 정립한 창시자로 불린다. 주요 저서로 『그리스 전기의 발전』The Development of Greek Biography, 『이교도, 유대인, 그리스도교인에 관하여』The On Pagans, Jews and Christians, 『그리스인과 트로이인을 화해시키는 법』How to Reconcile Greeks and Trojans 등이 있다.

ㅂ

바르사누피오스Barsanuphius 107, 108, 109, 110, 114, 131

6세기 초 가자 근처에서 활동한 이집트 출신의 은둔 수도사이자 동방 교회를 대표하는 사막 교부. 수도 공동체를 이루기보다는, 철저한 은둔 생활 가운데 서면 문답 형식으로 영적 조언을 제공한 인물로 잘 알려져 있다. 그의 삶에 대한 전기는 거의 전하지 않지만, 수많은 수도사, 사제, 평신도가 바르사누피오스와 동료 요안네스John the Erophet에게 영적 조언을 요청했고, 그에 대한 응답은 대부분 짧고 명료한 형태의 편지로 기록되었다.

이 문답 편지는 이후 『바르사누피오스와 요안네스의 서간집』The Letters of Barsanuphius and John이라는 이름으로 정리되어 전해지며, 동방 수도원 전통에서 가장 중요한 영성 문헌 중 하나로 평가받는다. 내용은 개인의 내면 변화, 분별력, 침묵, 순종, 기도, 영적 지도에 대한 실제적인 가르침을 중심으로 구성되어 있으며, 단순한 규칙 제시가 아니라 개별적 인격의 상황에 맞춘 신중한 분별의 실천이 돋보인다. 이 편지들은 고대 수도원의 규범 전통을 대표할 뿐 아니라, 후대 비잔틴 세계 수도 전통에 커다란 영향을 끼쳤다.

벤느, 폴 Paul Veyne(1930~2022) 81

프랑스 출신의 고전학자이자 역사 이론가. 파리 고등사범학교에서 공부했으며 소르본 대학교에서 연구를 이어갔다. 미셸 푸코Michel Foucault와 지적으로 교류하며 고대 후기와 로마 제국, 지중해 세계의 종교, 사회, 문화 구조를 새로운 관점에서 해석했고, 1975년부터 프랑스 고등사회과학연구원과 콜레주 드 프랑스에서 오랜 기간 교수로 활동했다. 고대 역사를 '사람들이 세계를 어떻게 의미 있게 살았는가?'라는 질문을 중심에 둔 문화사적 접근을 시도한 학자로 널리 알려져 있다. 주요 저서로 『그리스인들은 신화를 믿었는가?』Les Grecs ont-ils cru à leurs mythes?(필로소픽), 『우리의 세계가 그리스도교화되었을 때』Quand notre monde est devenu chrétien 등이 있고 한국에는 『푸코』

(리시올), 『역사를 어떻게 쓰는가』(새물결) 등이 소개된 바 있다.

ㅅ

사바스 Sabas the Sanctified(439?~532) 141

팔레스타인 사막 수도 운동을 제도화한 수도사. 카파도키아에서 태어나 8세 때 수도 생활을 시작했고, 18세 무렵 팔레스타인으로 이주해 대 에우티미오스의 제자가 되었다. 젊은 시절부터 금욕과 침묵, 철야 기도에 전념했으며, 팔레스타인 유대 사막의 키드론 계곡 근처에서 완전한 은둔 수도 생활을 시작한 후 점차 제자들이 모여들면서 공동체를 조직하였다. 이후 그의 이름을 따라 마르 사바 수도원이 생겼는데 마르 사바는 지금도 실존하는 세계에서 가장 오래된 수도원 중 하나로, 팔레스타인 사막 수도 운동의 상징이자 중심지 역할을 했다. 단순히 은둔 수도사나 교사에 그치지 않고, 교회와 제국 사이에서 교리적·정치적 중재자로도 활동했으며 특히 칼케돈 공의회 이후 논쟁이 격화될 때 정통 칼케돈 신앙을 수호하면서도, 온건한 태도로 수도 공동체의 통합과 제국 교회의 일치를 위해 애썼다. 사바스의 생애는 제자 키릴로스 스키토폴리스Cyril of Scythopolis가 쓴 「사바스의 생애」Vita Sabae에 쓰여 있으며, 이 전기는 단순한 성인전이 아니라, 6세기 팔레스타인 수도 운동의 사상과 현실, 교회–제국 관계를 보여 주는 핵심 사료로 평가된다. 오늘날 예루살렘 교회와 동방 정교회 전체에서 '거룩하고 하느님께 구별된 자'Sanctified라는 칭호로 공경받고 있다.

세베로스, 안티오키아의 Severus of Antioch(465?~538) 134

비잔티움 시기의 주요 신학자이자 안티오키아 총대주교. 팔레스타인 출신으로 초기에는 이교 철학에도 관심을 두었으나, 곧 세례를 받고 수도 생활을 시작하였으며, 단성론 입장에서 칼케돈 공의회 교리를 반대했다. 512년 아나스타시오스 1세가 단성론을 지지하면서 안티오키아 총대주교에 임명되었고 단성론을 공식 신학으로 정립하려는 개혁을 추진했으나 518년 유스티누스 1세가 황제로 즉위하면서 칼케돈파가 복권되었고, 세베로스는 이단으로 규정되어 재위 6년 만에 축출되었다. 이후 이집트로 피신하여 콥트 교회와 깊은 관계를 맺었고, 수많은 서간과 신학 논문, 설교문을 남기며 단성론 진영의 이론적 지주로 활동했다. 그의 저술은 대부분 시리아어로 전해지며, 제국 내에서 금서로 지정되었음에도 불구하고 콥트, 시리아, 아르메니아, 에티오피아 전통에서 중요한 문헌이 되었다. 정교회 내 칼케돈파에서는 이단자로 간주되었으나, 비-칼케돈 정교회(시리아 정교회, 콥트 정교회, 아르메니아 사도교회)에서는 정통 교부로 공경받으며 '위대한 세베로스'라는 칭호로 불린다.

셰누테, 아트리페의 Shenoute of Atripe 29, 30, 49, 97, 99, 123, 142
이집트의 그리스도교 수도사. 청년 시절 수도 생활에 들어갔고 백색 수도원의 수도원장이 되었고 파코미우스Pachomius가 주도한 수도원운동을 더 엄격하고 더 조직적인 운동으로 발전시켰다. 에페소 공의회에 참석해 네스토리우스를 이단으로 몰아세우는 등 강력한 영적 권위와 사회적 개입을 통해 당시 이집트 신자 대중과 부유 계층, 이교도 및 이단 세력에 모두 큰 영향을 끼쳤다. 오늘날 그의 글은 설교집 형태로 전해지는 데 콥트 문학의 최고봉으로 평가받는다.

소조메노스Sozomen(400?~443?) 42, 73, 74
팔레스타인 가자 근처의 부유한 그리스도교 가정 출신의 교회 역사가. 콘스탄티노폴리스에서 법학 교육을 받았고, 실제 법률가로도 활동했으며, 그리스도교 신앙과 로마 제국의 제도 전통을 동시에 이해할 수 있는 식자층에 속했다. 5세기 중반에 이르기까지의 교회사를 라틴어가 아닌 그리스어로 서술한 몇 안 되는 역사가 중 한 사람이다. 대표 저술은 「교회사」Historia Ecclesiastica로, 324년 콘스탄티누스의 회심 직후부터 439년까지의 사건들을 9권에 걸쳐 서술하였다. 이 책은 에우세비우스, 루피누스, 소크라테스 스콜라스티쿠스 등의 저작을 바탕으로 하되, 독자적인 출처와 구전 전승도 활용하고 있으며, 특히 팔레스타인 지역과 수도원 운동, 동방 성인들의 활동에 대한 관심이 두드러진다. 동시대 교회와 제국의 관계, 이단 논쟁, 성인 숭배의 전개 등을 다각도로 조명해, 동로마 제국의 종교적 정체성이 어떻게 형성되었는지를 보여 주는 귀중한 사료로 평가된다.

소크라테스(스콜라스티쿠스)Socrates Scholasticus(380?~439?) 89, 90, 91

콘스탄티노폴리스 출신의 법률가이자 교회 역사가. 고대 철학자 소크라테스와 구별하기 위해 '스콜라스티쿠스'(학자, 법률가)라는 칭호를 붙이곤 한다. 대표 저술인 「교회사」Historia Ecclesiastica는 총 7권으로 구성되어 있으며 에우세비오스의 교회사에 대한 후속편이자, 리우피누스와 소조메노스의 교회사와 나란히 고대 후기 교회사 3대 서술 전통 중 하나로 꼽힌다. 여기서 소크라테스는 아리우스 논쟁, 공의회, 주요 주교들의 행적 등을 자세히 기록하되, 논쟁의 당파성보다는 조화와 관용의 입장을 중시하며, 동방과 서방의 교회 분열을 넘어서려는 시도를 보인다. 특히 네스토리오스 논쟁이나 성상 파괴 운동 등에 대해 후대 역사가보다 더 균형 잡힌 시선을 보여 주며, 교회사를 교훈이나 순교 서사로만 쓰지 않으려는 시도를 했다는 점에서 당대 교회사 저술과 차별점을 보인다. 오늘날 소크라테스의 「교회사」는 고대 말기의 종교 분쟁, 공의회 진행 과정, 비잔티움 정치와 교회의 관계, 지역 교회들의 다양성 등을 보여 주는 핵심 사료로, 고대 후기 그리스도교 역사의 다면성과 복잡성을 이해하는 데 매우 중요한 문헌으로 간주된다.

시메온(기둥 위의 행자) Symeon Stylites the Elder(390?~459) 115, 121, 122, 123, 140, 141

시리아 북부에서 활동한 초기 동방 수도사. 13세 무렵부터 수도 생활을 시작했으며 기존의 수도 생활은 지나치게 느슨하게 보여 알레포 북부의 사막에 세운 기둥 위에서 수십 년간 살며 기도와 고행에 전념하는 독특한 수행을 했다. 이러한 기둥 생활은 단순한 기행이 아니라, 도시와 황제, 일반 대중과의 영적 연결 통로로 기능하는 새로운 형태의 성자 모형을 형성했다. 수많은 순례자가 그를 보기 위해 몰려들었고, 병자들은 기적을 기대하며 그 기둥 아래에 모였다. 제국의 고관, 심지어 황제조차 그의 조언을 구했고, 교회에서 일어나는 신학 논쟁에 조언을 구하는 경우도 있었다. 그래서 어떤 이들은 그를 교회와 제국을 잇는 '공적 성자'public holy man로 평가하기도 한다. 여러 문헌이 시메온의 생애를 전하며, 전기에서 그는 하늘과 땅 사이를 중재하는 신비로운 존재로, 신성과 인간 세계를 잇는 중재자의 위상을 지닌 인물로 묘사된다. 기둥 생활은 이후 '스틸리타'Stylite 전통으로 이어져, 동방 정교회권에서 수많은 후계자들을 낳았으며, 중세 수도 영성의 한 전범으로 자리잡았다. 세상을 떠난 뒤 그가 거주하던 기둥 주변에는 대규모 순례 교회가 건립되었고, 이는 오늘날에도 시리아 고대 그리스도교의 유적으로 남아 있다.

소 시메온 Symeon the Younger(521?~592) 115, 119

시리아 북부 안티오키아 인근에서 활동한 6세기의 수도사로, '기둥 위의 행자 소 시메온'Symeon Stylites the Younger라고도 불린다. 5세기 '기둥 위의 행자' 시메온의 영적 유산을 계승하며, 기둥 위에서의 금욕 생활이라는 독특한 수행 형태를 이어갔다. '기둥 위의 행자' 시메온처럼 소 시메온 역시 안티오키아 인근 만 지역의 높은 기둥에서 68년 동안 살며 병자 치유, 축귀, 예언 등 다양한 기적을 행했고 이는 그에 대한 광범위한 순례와 숭배로 이어졌다. 신비주의, 영적 지도, 사회적 권위가 통합된 고대 후기 그리스도교 성자의 전형으로 평가되며, 오늘날까지도 동방 정교회에서 공경받고 있다. 그의 생애를 다룬 전기인 「소 시메온의 생애」Vita Symeonis Junioris는 그의 기적과 교회 가입, 제국과의 관계, 수도 지도자로서의 위상을 강조하며, 학자들에게는 단순한 전기이기보다는 기둥 수도자의 제도화된 성자상을 제시하는 문헌으로 읽히고 있다.

ㅇ

아도, 피에르 Pierre Hadot(1922~2010) 164, 165, 166, 170
프랑스 출신의 철학자이자 인문학자. 파리에서 태어나 가톨릭 신학교를 거쳐 사제 서품을 받았으나, 이후 철학 연구에 전념하며 사제직을 사임하고, 소르본 대학교에서 박사 학위를 받았다. 이후 프랑스 국립과학연구소 연구원, 고등연구실습원 교수, 콜레주 드 프랑스 고대 철학사 석좌 교수로 활동했다. 스토아·신플라톤 철학자들의 저작과 사상에 대한 독해로 명성을 얻었으며, 미셸 푸코, 폴 리쾨르 등과 지적 교류를 이어갔다.

대표 저서인『고대 철학이란 무엇인가』Qu'est-ce que la philosophie antique(열린책들)에서는 고대 철학을 '삶의 방식'way of life으로 보아야 한다고 주장해 많은 관심을 끌었으며, 철학은 이론을 배우는 것이 아니라, 삶을 변형시키는 실천, 곧 '영혼의 훈련'이어야 한다는 그의 관점은, 근대 이후 철학이 과도하게 학문화된 가운데 잃어버린 고대의 영성과 실천적 지혜를 복원하려는 시도로 평가받는다. 마르쿠스 아우렐리우스의『명상록』을 단순한 자기 성찰이 아닌 스토아 철학의 실천 교본으로 재해석했고, 플로티노스를 통해 신플라톤주의의 영적 상승 구조와 언어의 한계를 정교하게 분석했다. 한국에는『명상록 수업』(복복서가),『플로티노스, 또는 시선의 단순성』(탐구사) 등이 소개된 바 있다.

아우구스티누스, 히포의 Augustine of Hippo(354~430) 26, 28, 29, 30, 41, 42, 43, 44, 48, 49, 50, 51, 52, 53, 54, 55, 56, 58, 87, 88, 101, 102, 113, 131
북아프리카 누미디아 지방 타카스테 출신의 사제이자 신학자. 고대 후기 서방 교회에서 가장 중요한 교부이자 신학자로 꼽히며 더 나아가 그리스도교 역사에서 가장 중요한 교부이자 신학자로 꼽히기도 한다. 젊은 시절 마니교와 회의주의, 신플라톤주의를 거치며 방황하다가, 밀라노의 주교 암브로시우스를 통해 그리스도교로 개종하였고, 이후 히포의 주교로 임명되어 교회와 신학, 사회를 두루 아우르는 방대한 저술 활동을 펼쳤다. 인간의 죄와 은총, 공동체와 제국의 관계에 대해 깊은 통찰을 남겼다. 「고백록」Confessiones, 「삼위일체론」De Trinitate, 「신국론」De civitate Dei 등은 서양 사유 전통 전반에 깊은 영향을 끼친 고전으로 평가받는다. 한국에는 『고백록』(경세원), 『삼위일체론』(분도출판사), 『그리스도교 교양』(분도출판사), 『참된 종교』(분도출판사), 『신국론』(분도출판사) 등이 소개된 바 있다.

아타나시오스, 알렉산드리아의 Athanasius of Alexandria(296?~373) 135, 136
알렉산드리아 출신의 주교이자 신학자. 325년 제1차 니케아 공의회에 서기로 참여해 아리우스주의에 반대하며, 성자가 성부와 동일 본질이라는 교리를 강력히 옹호하였고, 이는 이후 정통 삼위일체론의 핵심이 되었다. 328년경 알렉산드리아 대주교가 되었으나, 이후 약 45년간의 재임 기간 중 무려 다섯 차례나 황제의 명령으로 추방되는 격변을 겪었다. 로마, 트리어, 이집트 사막 등지에서 망명 생활을 하며 아리우스주의에 맞선 저술과 서신을 지속하였고, 수많은 추종자를 낳았다. 「하느님 말씀의 성육신에 관하여」De Incarnatione Verbi Dei, 「아리우스파 반박 연설」Orationes contra Arianos, 「성 안토니우스의 생애」Vita sancti Antonii는 각각 교리, 논쟁, 영성 전통의 형성과 확산에 공헌했다. 단순한 신학자가 아니라, 교회 정치와 제국 권력, 지역 공동체의 긴장 가운데 정통신앙의 실천적 수호자로 활동한 인물로 '정통신앙의 수호자', '니케아의 해설자'라 불린다. 오늘날에도 정교회와 로마 가톨릭, 일부 개신교 전통에서 위대한 교부로 공경받는다. 한국에는 『말씀의 성육신에 관하여』(죠이북스), 『사막의 안토니우스』(분도출판사)가 소개된 바 있다.

아폴로니오스, 티아나의 Apollonius of Tyana (15?~100) 44
신플라톤주의 철학자이자 피타고라스주의 성자. 기적, 예언, 도술 등으로 이름이 알려졌으며, 금욕적 삶과 세계 여행, 로마 황제에 대한 비판으로도 유명하다. 필로스트라토스Philostratus가 쓴 전기 「아폴로니오스의 생애」Life of Apollonius는 고대 후기의 '철학자 성인' 이미지

형성에 크게 기여했다. 그리스도교 전통에서는 예수와 대비되는 이교 성자로, 로마 제국의 종교 담론 안에서 중요한 논쟁적 인물로 다뤄졌다.

암브로시우스, 밀라노의 Ambrose of Milan(339?~397) 41, 45, 46, 66, 97
밀라노의 주교이자 신학자. 로마 귀족 출신으로 세례를 받자마자 주교로 임명되었다. 교회의 자율성과 교권의 우위를 주장했고, 교회 예전을 체계화하고 성가를 작곡하는 등 서방 교회의 전례 문화를 정립에도 크게 기여했다. 설교와 논쟁적 저작을 통해 신앙의 교리를 명확히 하고 수호한 그는 『성령론』De Spiritu Sancto, 『신앙론』De fide 등 여러 라틴어 저작을 남겼다. 아우구스티누스에게 결정적 신학적 영향을 준 인물로도 잘 알려져 있다. 한국에는 『성직자의 의무』(아카넷), 『나봇 이야기』(분도출판사), 『토빗 이야기』(분도출판사) 등이 소개된 바 있다.

에우세비오스, 카이사리아의 Eusebius of Caesarea(263?~339) 42, 56, 73
카이사리아에서 활동한 주교이자 교회사 저술가로, 콘스탄티누스 대제와 밀접한 관계 속에서 그리스도교와 제국의 새로운 관계를 신학적으로 정당화한 인물로 널리 알려졌다. 초기 교회의 순교 전통과 황제의 섭리를 연결지은 『교회사』Historia Ecclesiastica와 콘스탄티누스에 대한 찬사인 『콘스탄티누스 생애』Vita Constantini 등은 그리스도교 제국의 이념적 기초를 제공한 저작으로 평가받는다. 한국에는 『유세비우스의 교회사』(은성)가 소개된 바 있다.

에우티미오스(大) Euthymius the Great(377?~473) 115, 138, 139
팔레스타인 사막 수도 운동의 창시자 중 한 사람. 5세기 초 예루살렘 순례를 위해 팔레스타인으로 이주한 뒤 유대 사막에서 은둔 수도 생활을 시작하였으며, 곧 높은 영성과 분별력으로 많은 제자가 생겼다. 이는 초기 수도 공동체의 원형이 되었고 후일 마르 사바 수도원 설립에 큰 영향을 미쳤다. 오랜 기간 독거 수도 생활을 지속하면서도, 지역 교회와 성직자, 순례자들과의 교류를 이어갔고, 특히 예루살렘 주교와의 협력, 이단에 대한 온건한 개입, 병자 치유와 악령 축출 등으로 백성들에게도 성인으로 존경받았다. 수도사이자 예언자, 치유자이자 교회의 조정자로서 팔레스타인 사막의 영적 생태계를 처음으로 구축한 인물로 평가받으며, 후대 동방 수도 전통에서 '위대한 자'라는 칭호로 공경받는다.

오리게네스, 알렉산드리아의 Origen of Alexandria(185?~254) 52

알렉산드리아 출신의 신학자. 고대 그리스도교 사상사에서 가장 영향력 있는 신학자이자 성서 해석자로 평가받는다. 어린 시절부터 헬레니즘 철학, 특히 플라톤주의와 스토아 철학을 익혔으며, 알렉산드리아의 클레멘스 뒤를 이어 알렉산드리아 학파를 이끌었다. 성서를 문자·윤리·우의의 차원에서 삼중 해석 방법론을 제시하며, 성서 주석 전통에 구조적 전환을 이끌었으며 창조, 성령, 자유의지, 구원의 보편성, 영혼의 선재 등 당시 교회가 공식화하지 않은 교리들에 대한 철학적 사유를 제시했다. 훗날 일부 가르침은 이단으로 정죄받기도 했지만, 기본적인 틀은 카파도키아 교부들과 동방 신학자들에 의해 재구성되어 계승되었다. 박해 중 체포되어 고문을 받고 풀려났으나 결국 그 여파로 세상을 떠났다. 주요 저서로 후대 성서 본문비평과 주석학의 기초를 놓은 자료로 평가받는 「헥사플라」 Hexapla, 최초의 조직신학 저서로 평가받는 「원리론」 De Principiis 등이 있다. 한국에는 「원리론」((아카넷), 「켈수스 반박」(분도출판사), 「오리게네스 기도론」(새물결플러스) 등이 한국에 소개된 바 있다.

율리아누스(배교자) Julian the Apostate(331?~363) 67, 76, 85

본명은 플라비우스 클라우디우스 율리아누스 Flavius Claudius Julianus. 황제 콘스탄티누스의 조카로 그리스도교 황실에서 태어났으나 어린 시절부터 철학과 고전 문학에 심취했고, 특히 아테네 유학 시절 플라톤주의와 신플라톤주의 등 고대의 철학 및 종교 전통을 접하면서 그리스도교에 비판적 관점을 갖게 되었다. 로마 군대에서의 성공적인 경력으로 민심과 병사들의 지지를 얻었으며 361년 콘스탄티우스 2세 사후 단독 황제로 즉위했다. 즉위 직후 그리스도교로부터의 결별을 선언하고, 고전 종교 전통과 헬레니즘적 정신을 부흥시키 시도했다. 후대에 '배교자'라는 칭호를 얻게 한 이 시도는 단순한 개인의 종교 선택이 아니라, 그리스도교가 제국의 공적 종교가 되어가는 흐름에 대한 철학적·정치적 저항이었다. 이교 신전 복원, 제도 재정비, 고전 교육 회복, 그리스도교인의 교육직 참여 제한 등 일련의 정책을 통해 새로운 이교 국가를 구상했으나, 짧은 재위 기간과 그리스도교 세력의 반발로 인해 근본적 전환은 이루지 못했다. 363년 페르시아 원정 도중 전사하면서 그의 시도는 좌절되었고, 뒤를 이은 그리스도교 황제들에 의해 그가 내건 정책들은 모두 철회되었다. 다양한 글을 남겼는데 대표적인 글은 『갈릴래아인 반박』Contra Galilaeos은 그리스도교 신앙의 역사성과 철학적 정합성을 신랄하게 비판했다.

ㅋ

카스텔리옹, 세바스티앙 Sebastian Castellio(1515~1563) 91
오늘날 프랑스 남동부 사보이아 공국 출신의 인문주의자이자 교육자, 번역가. 가톨릭 소농 가정에서 태어나 리옹에서 공부하며 인문주의를 접했으며, 스트라스부르에서 장 칼뱅 등을 만나 교분을 쌓은 것을 계기로 제네바로 이주, 교육자와 설교자로 활동했다. 그러나 곧 칼뱅과 성서 해석 입장 등에서 대립하다 결별하고, 바젤로 옮겨 인쇄소 등에서 일하다 1553년 바젤 대학의 그리스어 교수가 되었다. 같은 해 제네바에서 일어난 세르베투스의 화형 사건을 계기로 『이단에 관하여 – 그들을 박해해야 하는가』De haereticis, an sint persequendi 등 몇몇 논고를 통해 그리스도교 또한 처음에는 분파haeresis였을 뿐이라며, 신앙의 본질은 교파의 교리에 대한 문자적 신봉이 아닌 하느님을 전적으로 신뢰하며 그리스도를 따라 철저히 자신을 부인함으로써 완전함을 향해 나아가는 겸허한 삶에 있다고 주장하며 그리스도교 세계의 불관용과 교조화를 고발했다. 말년에는 『의심과 믿음, 모름과 앎의 기술』De arte dubitandi, confidendi, ignorandi et cognoscendi을 집필하며 독특한 신학 방법론을 선보였다. 생전에는 주로 교육자이자 번역가로 명성을 얻었다. 청소년을 위해 성서의 이야기를 대화체로 각색하여 집필한 라틴어 교재『거룩한 대화』Dialogi sacri는 첫 출판 이후 18세기에 이르기까지 교재로 각광받았다. 또 성서를 고전 라틴어와 평이한 프랑스어로 각각 번역하여 교양 독자와 배움이 짧은 독자 모두에게 다가가게 하는 일에 헌신하기도 했다. 유럽 각지에서 박해를 피해 모여든 급진 사상가들과 교류하며 끊임없이 이단 혐의에 시달린 카스텔리옹은 사후 칼뱅주의의 교조화에 따른 반발로 재조명되기 시작하여 나중에는 근대 인권 사상과 개신교 자유주의의 선구자로 추앙받기도 했다.

카시오도루스 Cassiodorus(485?~580?) 91

서고트 왕국 시기 이탈리아에서 활동한 로마 귀족 출신 정치가이자 신학자, 고전 문헌학자. 서로마 제국이 멸망한 이후에도 고트족 통치 아래에서 행정관, 집정관, 궁정 서기관 등의 고위직을 역임하며 오도아케르와 테오도릭을 비롯한 왕들의 공식 문서를 편찬하고 제국 전통을 지속시키는 데 힘썼다. 고트 왕국이 동로마에 의해 멸망하고 정치 세계에서 물러난 뒤에는, 이탈리아 남부 스콰일룸에 비바리움Vivarium이라는 수도원 겸 학술 공동체를 설립하였다. 이곳은 단순한 수도원이 아니라, 고전 문헌과 교부 문헌을 필사하고 연구하는 지식의 피난처로 성서와 성서 주석서뿐 아니라 키케로, 퀸틸리아누스, 아우구스티누스, 보에티우스 등 고전 문헌을 체계적으로 필사하고 해석했으며 이는 이후 중세 수도원 학문 전통의 기원이 되었다. 고대 로마의 교양과 그리스도교 신학을 결합해 중세의 지식인이 무엇을 배우고 어떻게 살아야 하는지를 모범적으로 보여 준 인물로 평가받으며 "중세 학문의 서곡을 연 수도원적 인문주의자"라 불리기도 한다.

켈소스Celsus(2세기 활동) 73

2세기 말경 활동한 헬레니즘 철학자이자 그리스도교에 대한 체계적 비판을 남긴 인물. 정확한 생애나 출신지는 전해지지 않지만, 그의 사상과 문체, 인용된 문헌을 통해 플라톤주의와 스토아주의의 영향을 받은 지식인으로 추정되며, 로마 제국 내에서 그리스도교가 점차 세력을 넓혀가던 시기의 문화적 위기감을 반영하는 인물로 간주된다. 예수의 신성, 처녀 탄생, 부활과 같은 핵심 교리를 이성과 자연 질서에 어긋나는 것으로 간주했고, 신이 인간으로 태어난다는 개념을 비합리적인 신화로 공격했다. 또한, 그리스도교 공동체의 반로마적 성향과 배타적인 구원 주장, 낮은 사회계층 중심의 구성에도 문제를 제기하며, 제국의 질서와 전통 종교를 수호하려 했다. 그리스도교를 단순히 종교 차원이 아니라 제국 질서에 대한 위협으로 간주하며 지성적으로 대응한 인물이며, 이는 이후 그리스도교를 반대한 이교도들의 사고틀에도 큰 영향을 미쳤다. 그에 대응해 오리게네스가 그리스도교 방어 체계를 정립했기에 그리스도교 호교론의 수준을 비약적으로 끌어올린 반면교사로도 간주된다.

콘스탄티누스Constantine(272?~337) 11, 18, 19, 25, 31, 33, 35, 36, 40, 42, 43, 44, 48, 54, 62, 65, 66, 67, 68, 69, 92, 93

로마 제국 최초의 그리스도교 황제. 313년 밀라노 칙령을 통해 신앙의 자유를 선포하고, 제국 질서 안에 교회를 제도적으로 편입시켰다. 325년 니케아 공의회를 소집하여 삼위일체 교리를 둘러싼 분열을 중재하고, 새로운 수도 콘스탄티노플을 건설하는 등 동방 그리스도교 세계 형성의 결정적 기반을 놓았다. 그의 개종은 단순한 개인 신앙의 선택을 넘어, 제국의 상징 질서와 권위 구조를 재편하는 전환점이 되었으며, 이후 수 세기 동안 교회와 국가의 관계를 형성하는 형으로 작용했다.

크리소스토모스, 요안네스 John Chrysostom(349?~407) 52, 66

교부이자 주교, 설교가. '크리소스토모스'Chrysostomos는 '황금의 입'

을 뜻하는 일종의 별칭으로, 뛰어난 웅변술과 강해 중심 설교 때문에 후대에 붙여진 이름이다. 수사학을 배우던 중 안티오키아 교회의 해석학 전통 아래에서 성서 주석과 교회 봉사를 병행하며 수도 생활로 전환했고, 철저한 금욕과 엄격한 도덕률을 실천했다. 397년 콘스탄티노폴리스 총대주교가 되었으며 이후 사치와 부패에 물든 궁정과 성직자들의 삶을 공개적으로 비판하고 교회 재정을 가난한 자들에게 돌리는 개혁을 추진했다. 이로 인해 권력층의 반감을 사게 되었고 두 차례에 걸쳐 유배되었다. 유배지에서 세상을 떠날 때까지 수많은 편지와 설교문, 강해를 남겼다. 정교회에서는 바실리오스, 그레고리오스와 함께 '삼대 교부'로 공경받으며, 설교는 오늘날까지도 정교회, 로마 가톨릭, 개신교 전통에서 신학적 통찰 및 윤리적 깊이를 겸비한 고전으로 평가받는다. 한국에는 『라자로에 관한 강해』(분도출판사), 『참회에 관한 설교/자선』(분도출판사) 등이 소개된 바 있다.

크리솔로구스, 페트루스 Petrus Chrysologus(?~450?) 39, 40
이탈리아 라벤나의 주교이자 설교가. '크리솔로구스'Chrysologus는 별칭으로 그의 설교가 금과 같이 빛난다는 평에서 유래했다. 간결하고 명료한 설교로 널리 알려졌으며, 특히 성육신 교리와 동정녀 마리아, 세례의 신비를 주제로 한 짧은 설교들이 다수 남아 있다. 교황 리오 1세와의 서신 교류로도 유명하며, 18세기 교황 베네딕토 13세에 의해 교회 학자로 선언되었다.

ㅌ

터너, 빅터 Victor Turner(1920~1983) 116, 159
영국 출신의 인류학자이자 상징과 의례 연구의 대표 이론가. 런던 대학교에서 인류학을 공부했고, 이후 로즈 대학교(남아프리카), 코넬 대학교, 시카고 대학교 등에서 강의했으며, 말년에는 노틀담 대학교에서 종교와 사회 이론을 가르쳤다. 초기에는 아프리카 부족 사회의 사회 구조와 갈등 해결 양식을 분석했으며, 이후에는 의례와 상징, 전이 과정 등을 탐구했다.

대표 저작인 『의례의 과정』The Ritual Process(한국심리치료연구소)에서 그는 의례의 본질이 전이의 체험에 있으며 이를 통해 인간은 새로운 질서를 받아들인다고 이야기했다. 이 과정에서 '경계성'liminality이 등장하는데, 이는 정상 질서가 일시적으로 중단되는 혼란의 시간으로 고정된 정체성에서 벗어난 참여자가 새로운 존재로 재구성되는 순간을 뜻한다. 이 개념은 이후 종교학, 교육학, 연극학, 정치철학, 도시 연구 등 여러 분야에서 널리 쓰였다. 말년에는 아내인 이디스 터너Edith Turner와 함께 그리스도교 의례, 성체성사, 순례 체험에 대한 현상학적 연구도 진행하며, 인간의 종교적 감수성과 집단적 상상력의 구조에 대한 통찰을 확장했다. 한국에는 『상징의 숲』(지만지), 『인간 사회와 상징 행위』(황소걸음), 『빅터 터너의 제의에서 연극으로』(민속원) 등이 소개된 바 있다.

테르툴리아누스Tertullian(160?~225?) 64

북아프리카 카르타고 출신의 신학자. 로마 법률가로 훈련받았으며 논증 능력과 날카로운 문체로 당대 그리스도교 변증과 신학에 새로운 지평을 열었다. 헬레니즘 철학과 고전 수사학에 정통하면서도, 그것이 신앙의 본질을 훼손할 수 있다고 경계했는데, 그가 던진 '예루살렘과 아테네가 무슨 상관인가?'라는 물음은 철학과 신앙의 경계에 대한 그의 근본적 긴장을 압축적으로 보여 준다. 박해가 계속되던 시기에 활동한 그는 국가 권력과 이교 문화에 맞서 교회의 정체성과 순결을 강하게 옹호했으며 초기에는 정통 교회와 밀접한 관계를 맺었으나 점차 교회의 도덕적 느슨함에 실망하고 종말론적 열망과 금욕주의를 강조한 몬타누스주의로 기울게 되었다. 그럼에도 불구하고, 삼위일체, 성육신, 교회론 등 라틴 신학의 핵심 개념어들을 최초로 정립한 인물로 서방 신학의 토대를 놓은 이로 평가받는다. 주요 저술로 『호교론』Apologeticum, 『이교인들에게』Ad nationes, 『이단자에 대한 항고』De Praescriptione Haereticorum 등이 있다. 한국에는 『호교론』(분도출판사)이 소개된 바 있다.

테오도레토스, 키로스의 Theodoret of Cyrrhus(393?~450?) 56, 122
시리아 북부 키로스에서 활동한 주교. 안티오키아 학파의 해석 전통에 깊이 뿌리를 둔 성서 주석가이자 교회사 편찬자, 이단 비판가로도 알려져 있다. 안티오키아에서 수학하며 루키아노스 전통의 문자 해석 방법을 익혔고, 니사의 그레고리오스와 요한 크리소스토모스를 신학의 본으로 삼았다. 423년경 키로스의 주교로 임명되어, 교구 내 이단과 이교 관습을 개혁하고, 교회를 재조직하는 데 힘썼다. 네스토리우스 논쟁과 칼케돈 공의회 당시에는 중재자 입장에서 정통 교리를 변호하면서도 지나친 단죄를 경계했다. 교회 정치의 소용돌이 속에서도 일관되게 니케아 신경에 기반을 둔 신학을 견지했으며, 이후 잠시 이단으로 몰려 사임당하기도 했으나, 복권되어 말년까지 학문 활동을 이어갔다. 주요 저술로 「이교인이 전염시킨 병에 대한 치료」Graecarum affectionum curatio, 「교회사」Historia Ecclesiastica 등이 있다.

테오도시우스 1세 Theodosius I(347~395) 20, 66, 67, 68, 93, 94, 96, 97, 99
로마 제국의 황제(재위 379~395). 테살로니카 칙령Edict of Thessalonica을 통해 니케아 신경을 제국의 공식 신앙으로 선포했고, 이교 숭배를 점진적으로 금지해 제국 차원의 그리스도교화를 이룬 인물로 평가받는다. 그가 세상을 떠난 뒤 로마 제국은 동서로 분리되었다.

ㅍ

포르피리오스, 가자의 Porphyry of Gaza(347?~420) 83
팔레스타인 남부 가자의 주교. 테살로니카 태생으로 알려져 있으며, 젊은 시절 수도생활을 위해 이집트와 팔레스타인에서 은둔 수도사로 살다 예루살렘으로 옮겼고, 이후 건강 악화로 인해 수도 생활을 중단하고 가자 지역에서 사목 활동을 시작했다. 395년경 가자의 주교로 임명되었으며, 당시 여전히 강력한 이교 전통이 남아 있던 도시에서 그리스도교를 확립하기 위한 치열한 투쟁을 전개했다. 그의 생애는 제자인 마르코스Mark the Deacon가 기록한 『포르피리오스의 생애』Vita Porphyrii를 통해 전해지며, 이 문헌은 고대 후기 동지중해 세계의 이교와 그리스도교 사이의 충돌을 묘사한 대표적 성인전으로 꼽힌다.

포르피리오스, 티로스의 Porphyry of Tyre(234?~305?) 71, 72, 73

헬레니즘 철학자이자 신플라톤주의를 체계화한 이론가. 아테네에서 롱기노스에게 사사한 후 로마에서 플로티노스의 제자가 되어 그의 사상을 집대성하고 체계화하는 데 결정적인 역할을 했다. 플라톤 철학과 신플라톤주의를 결합하여 세계의 구조와 영혼의 상승, 신적 일자the One로의 귀환이라는 철학적 구도를 정교화했으며, 동시에 철학의 실천적 역할, 즉 금욕과 채식주의, 점성술의 역할, 종교 제의에 대한 해석에도 깊은 관심을 기울였다. 그가 남긴 『이사고게』Isagoge는 아리스토텔레스 논리학 입문서로 중세 라틴 세계에서 표준 교과서로 사용되었고, 보에티우스의 라틴어 번역을 통해 스콜라 철학의 기반을 놓았다. 그리스도교에 대해 강력한 비판을 남긴 이로도 널리 알려져 있는데, 성서의 역사성과 예언의 신빙성을 논리적으로 문제 삼았으며, 초기 교회의 지성사에 긴장을 불러일으켰다. 콘스탄티누스가 황제가 된 뒤 포르피리오스의 그리스도교 비판서는 공식적으로 금서로 지정되었으나, 그의 논점은 사라지지 않았다. 한국에는 『이사고게』(이제이북스)가 소개된 바 있다.

ㅎ

히에로니무스 Jerome(347~420) 33, 53

달마티아 출신의 수도사이자 사제, 성서 번역가로 밀라노의 암브로시우스, 히포의 아우구스티누스와 더불어 서방 교회를 대표하는 교부로 꼽힌다. 로마에서 문법과 수사학을 공부했고, 스무 살 무렵부터 수행의 삶을 추구하며 성서 공부를 하다가 사제품을 받았다. 이후 교황 다마수스의 요청으로 네 복음서와 시편의 '옛 라틴어' 번역본vetus latina을 그리스어 원문과 칠십인역, 히브리어 본문을 참고하며 개정하면서 '대중판'vulgata이라 불리게 될 라틴어 성서 번역을 시작했고, 거기에 평생을 바쳤다. 또한 방대한 성서 주해서도 남겼는데, 라틴 교부들 가운데 유일하게 모든 예언서를 주해한 인물이다. 라틴어와 그리스어, 히브리어에 모두 능통했던 인물로, 탁월한 고전 지식을 바탕으로 새로운 그리스도교 문화를 일구고 꽃피우는 데 오롯이 일생을 바친 까닭에 '르네상스 인문주의자들의 선구자'라는 평가를 받기도 한다. 특히 에라스무스는 히에로니무스를 가장 위대한 교부로 극찬했다. 그리스도교 금욕주의의 이상을 집대성한 인물이기도 하다. 이외에도 「유대인 문제에 대한 주석」Commentarii in Prophetas 및 다수의 서간, 「이집트 수도자들의 생애」Vitae Patrum 등 다양한 저술을 남겼다. 한국에는 『명인록』(아카넷)이 소개된 바 있다.

마침내 그들이 로마를 바꾸어 갈 때
– 로마 세계의 그리스도교화에 관하여

초판 발행 | 2025년 4월 30일

지은이 | 피터 브라운
옮긴이 | 양세규

발행처 | ㈜룩스문디
발행인 | 이민애
편 집 | 민경찬
검 토 | 손승우 · 서애지 · 여운송
제 작 | 김진식 · 김진현
디자인 | 민경찬 · 손승우

출판등록 | 2024년 9월 3일 제301-2024-000093호
주 소 | 서울특별시 중구 세종대로19길 16 1층 001호
주문전화 | 010-3320-2468
이메일 | luxmundi0901@gmail.com(주문 관련)
        viapublisher@gmail.com(편집 관련)

ISBN | 979-11-989272-7-9 (03200)
한국어판 저작권 ⓒ 2025 ㈜룩스문디

* 값은 뒤표지에 있습니다. 잘못된 책은 구입하신 곳에서 바꾸어 드립니다.